国家智库报告 2015（25）
National Think Tank

学 术 评 价

中国高等院校 管理学研究力评价报告 (2012—2013)

王钦 肖红军 张小宁 著

AN EVALUATION REPORT ON MANAGEMENT RESEARCH
CAPABILITY OF CHINA'S COLLEGES AND UNIVERSITIES
(2012-2013)

中国社会科学出版社

图书在版编目(CIP)数据

中国高等院校管理学研究力评价报告. 2012~2013 / 王钦，肖红军，张小宁著. —北京：中国社会科学出版社，2015. 12
（国家智库报告）
ISBN 978 - 7 - 5161 - 7125 - 7

Ⅰ. ①中…　Ⅱ. ①王… ②肖… ③张…　Ⅲ. 高等学校—学校管理—研究报告—中国—2012~2013　Ⅳ. ①G647

中国版本图书馆 CIP 数据核字（2015）第 283337 号

出 版 人	赵剑英
责任编辑	车文娇
责任校对	朱妍洁
责任印制	李寡寡

出　　版	中国社会科学出版社
社　　址	北京鼓楼西大街甲 158 号
邮　　编	100720
网　　址	http://www.csspw.cn
发 行 部	010 - 84083685
门 市 部	010 - 84029450
经　　销	新华书店及其他书店

印刷装订	北京君升印刷有限公司
版　　次	2015 年 12 月第 1 版
印　　次	2015 年 12 月第 1 次印刷

开　　本	787×1092　1/16
印　　张	8.75
插　　页	2
字　　数	72 千字
定　　价	32.00 元

凡购买中国社会科学出版社图书，如有质量问题请与本社营销中心联系调换
电话：010 - 84083683

　　摘要：本报告基于在国内 13 种权威和核心管理学期刊上发表的管理学学术论文，从数量和质量的角度，对中国高等院校管理学研究力进行了评价，构建了中国高等院校管理学研究力指数。研究结果显示，2013 年中国高等院校管理学综合研究力"十强"依次是南开大学、华中科技大学、中国人民大学、清华大学、南京大学、西安交通大学、电子科技大学、厦门大学、暨南大学和武汉大学；工商管理研究力"十强"依次是南开大学、中国人民大学、清华大学、南京大学、华中科技大学、暨南大学、中山大学、厦门大学、武汉大学和东北财经大学；管理科学与工程研究力"十强"依次是电子科技大学、西安交通大学、华中科技大学、南开大学、哈尔滨工业大学、重庆大学、清华大学、中国科学技术大学、大连理工大学和东南大学；位于企业理论研究力、战略管理研究力、财务管理研究力、市场营销管理研究力、创新管理研究力、组织管理研究力、人力资源管理研究力、企业文化与社会责任研究力首位的分别是暨南大学、南开大学、厦门大学、西安交通大学、浙江大学、东北财经大学、华中科技大学、电子科技大学。与此同时，研究还发现，中国高等院校管理学研究力有四个方面的特点，即研究力量高度集中、学科优势主体存在差异、各高等院校研究力差距显著、研究力总体上呈下降趋势。

关键词：管理学　工商管理　管理科学与工程　研究力

Abstract: This research evaluates the management research capability of China's colleges and universities, and establishes an Index of that based on the quantity and quality of management academic papers published on 13 authoritative and core journals of China. The research results show that, in 2013, the "top ten" colleges and universities in comprehensive research capability are Nankai University, Huazhong University of Science and Technology, Renmin University of China, Tsinghua University, Nanjing University, Xi'an Jiaotong University, University of Electronic Science and Technology of China, Xiamen University, Jinan University, and Wuhan University; the "top ten" in business administration research capability are Nankai University, Renmin University of China, Tsinghua University, Nanjing University, Huazhong University of Science and Technology, Jinan University, Sun Yat-sen University, Xiamen University, Wuhan University, and Dongbei University of Finance and Economics; the "top ten" in management science and engineering research capability are University of Electronic Science and Technology of China, Xi'an Jiaotong University, Huazhong University of Science and Technology, Nankai University, Harbin Institute of Technology, Chongqing University, Tsinghua University, University of Science and Technology of China, Dalian University of Technology, and Southeast University; and the colleges and universities ranking in the first place in corporation theory research, strategic management research, financial management research, marketing management research, innovation management research, organizational management research, human resource management research, enterprise culture and corporate social responsibility research are Jinan University, Nankai University, Xiamen University, Xi'an Jiaotong University, Zhejiang University, Dongbei University of Finance and Economics, Huazhong University of Science and Technology, and University of Electronic Science and Technology of China, respectively. Additionally, the research finds that the research capability of China's colleges and universities has four aspects of characteristics, Which are highly centralized research capability, differentiation in the bodies with advantageous disciplines, significant differences in the research capability of different colleges and universities, and research capability decreasing as a whole.

Key words：management，business administration，management science and engineering，research capability

目　录

一　中国高等院校管理学研究力的评价方法与

　　过程 …………………………………………………（2）

　　（一）评价方法 …………………………………（2）

　　（二）评价过程 …………………………………（5）

二　中国高等院校管理学研究力综合指数与排名

　　分析 …………………………………………………（8）

三　中国高等院校工商管理研究力综合指数与

　　排名分析 ……………………………………………（29）

四　中国高等院校工商管理各子学科研究力指数与

　　排名分析 ……………………………………………（48）

　　（一）企业理论研究力指数与排名 ……………（48）

　　（二）战略管理研究力指数与排名 ……………（49）

（三）财务管理研究力指数与排名 …………………（61）

（四）市场营销管理研究力指数与排名 ………（68）

（五）创新管理研究力指数与排名 …………………（75）

（六）组织管理研究力指数与排名 …………………（85）

（七）人力资源管理研究力指数与排名 ………（94）

（八）企业文化与社会责任研究力指数与

排名 ………………………………………（104）

五　中国高等院校管理科学与工程研究力指数与

排名分析 ………………………………………（107）

六　中国高等院校管理学研究力评价结论与

局限 ……………………………………………（120）

（一）评价结论 ……………………………………（120）

（二）局限性 ………………………………………（124）

参考文献 …………………………………………（126）

近年来，中国管理学的发展取得了长足进步，具体体现在管理学的研究力度在持续加大、研究范围在持续拓展、研究深度在持续挖掘，而这一切的背后是中国管理学的研究主体在数量与质量上均呈现稳步提升的态势。尽管中国管理学的研究主体众多，但除了诸如中国科学院和中国社会科学院等少数国家研究机构外，管理学研究的力量基本上都集中在高等院校的管理学院、商学院、经济学院、经济管理学院、会计学院和工学院中（黄速建、黄群慧等，2007）。因此，可以说高等院校是中国管理学专业研究的核心主体，高等院校在管理学方面的专业研究能力和水平在很大程度上会深刻影响中国管理学的发展进程。进一步来看，研究能力和水平不仅是各高等院校在中国管理学领域地位的重要标志，而且直接成为其管理学院和商学院提供高质量管理教育服务的基础。因此，有必要对中国各高等院校的管理学研究力进行评价，以从微观层面上把握中国高等院校在管理学研究方面的基本规律和特征。[①]

一 中国高等院校管理学研究力的评价方法与过程

（一）评价方法

一所高等院校的管理学研究力可以反映在多个方面，本院校人员发表在权威学术杂志上的管理学论文数量与质量就是一个重要体现。为了评价中国各高等院校的管理学研究力，我们从"2012 中国最具国际影响力学术期刊（人文社会科学）""2012 中国国际影响力优秀学术期刊（人文社会科学）""2013 中国最具国际影响力学术期刊（人文社会科学）""2013 中国国际影响力优秀学术期刊（人文社会科学）"中挑选出 13 种连续两年均出现的管理学学术期刊（如表 1 所示），并对 2012 年和 2013 年刊载在这些期刊上的规范性管理学学

[①] 刘湘丽、赵剑波等参加了报告讨论和前期工作，刘宇轩、吴陈锐等参加了数据分析整理，在此一并表示感谢。

术论文进行统计分析。

表 1　　　用于评价中国高等院校管理学研究力的
管理学学术期刊

期刊名称	2012 年国际他引影响因子	2013 年国际他引影响因子
《管理世界》	0.083	0.042
《会计研究》	0.103	0.077
《中国软科学》	0.159	0.059
《中国管理科学》	0.022	0.059
《中国工业经济》	0.055	0.053
《南开管理评论》	0.099	0.077
《管理科学学报》	0.07	0.057
《管理科学》	0.058	0.073
《管理工程学报》	0.03	0.029
《科学学研究》	0.026	0.019
《科学管理研究》	0.03	0.022
《外国经济与管理》	0.039	0.031
《经济管理》	0.017	0.012

数据来源：根据中国学术期刊（光盘版）电子杂志社、中国科学文献计量评价研究中心、清华大学图书馆等联合发布的数据整理。

为了对各高等院校的管理学研究力进行更科学和更全面的评价，我们从数量与质量两个维度来衡量。前者主要是考察各高等院校 2012 年和 2013 年在 13 种管理学学术期刊上发表的规范性管理学学术论文的数量，后者则是考虑所发表的每一篇学术论文的质量，以论文所刊载期刊的国际他引影响因子作为衡量指标。由此，每一所高等院校的管理学研究力评价得分即为其在每一个期刊上发表的管理学学术论文数量与该期刊的国际他引影响因子的乘积得分加总，测算公式如下：

$$RC_{score} = \sum_{i=1}^{13} NUM_i \times IF_i$$

其中，RC_{score} 是某一所高等院校的管理学研究力评价得分，NUM_i 是发表在期刊 i 上的规范性的管理学学术论文数量，IF_i 是期刊 i 的国际他引影响因子。

在评价得分基础上，我们还将进行归一化处理，并将归一化处理后的值乘上 100，进而得到每一所高等院校的管理学研究力指数，测算公式如下：

$$RC_{index} = \frac{RC_{score} - RC_{scoremin}}{RC_{scoremax} - RC_{scoremin}} \times 100$$

其中，RC_{index} 是某一所高等院校的管理学研究力指数，RC_{score} 是该高等院校的管理学研究力评价得分，$RC_{scoremax}$ 是涉及的所有高等院校中管理学研究力评价得分最高者的得分，$RC_{scoremin}$ 是涉及的所有高等院校中管理学研究力评价得分最低者的得分。

（二）评价过程

整个评价过程分为四个步骤：第一步是论文收集与分类整理。我们通过中国期刊网（CNKI）、国家哲学社会科学学术期刊数据库搜集了所选择的 13 种期刊 2012 年和 2013 年刊载的管理学学术论文，并考察是否为中国大陆高等院校及中国社会科学院和中国科学院的作者所发表的论文[①]，获得的 2012 年和 2013 年论文分别为 677 篇和 585 篇（如表 2 所示）。在此基础上，我们按照工商管理的各子学科和管理科学与工程对论文进行了分类整理，其中某篇论文可能会从属于不同学科（我们在计算时容许一篇论文从属于不同学科），从而分别获得了如表 3 所示的论文数量。

表 2　　13 种管理学学术期刊中选择的论文数量

期刊名称	选择的 2012 年论文数量	选择的 2013 年论文数量
《管理世界》	77	87
《会计研究》	63	37

---

① 考虑到中国社会科学院和中国科学院的研究实力及特殊性质，将其包括在评价范围内。

期刊名称	选择的 2012 年论文数量	选择的 2013 年论文数量
《中国软科学》	10	17
《中国管理科学》	72	72
《中国工业经济》	48	36
《南开管理评论》	84	57
《管理科学学报》	21	19
《管理科学》	32	34
《管理工程学报》	35	29
《科学学研究》	50	62
《科学管理研究》	39	33
《外国经济与管理》	44	47
《经济管理》	102	55
合计	677	585

表 3   工商管理各子学科和管理科学与工程
选择的论文数量

学科名称	选择的 2012 年论文数量	选择的 2013 年论文数量
企业理论	4	11
战略管理	189	164
财务管理	60	45
市场营销管理	74	67
创新管理	104	107
组织管理	106	76

学科名称	选择的 2012 年论文数量	选择的 2013 年论文数量
人力资源管理	139	115
企业文化与社会责任	12	17
管理科学与工程	163	152

第二步是作者所在机构统计。我们针对选择的每一篇论文作者信息进行了数据入库，将论文按照作者贡献情况进行篇数分配，并计入其所在机构。就某一篇论文而言，如果为单一作者，则直接计入 1 篇到其所在机构；如果为合著，则按照以第一作者为主要贡献者原则，第一作者分配 0.7 篇，并计入其所在机构，后面的若干作者平均分配剩下的 0.3 篇，并分别计入他们对应的所在机构。由此，就可以统计得到每个机构 2012 年和 2013 年分别在 13 种管理学学术期刊上发表的论文数量以及属于各个子学科的论文数量。经过汇总可以发现，2012 年和 2013 年涉及各高等院校（含中国科学院和中国社会科学院，下同）的论文数量分别为 640.8 篇和 563.2 篇，占所选择论文总量的比重分别为 94.7% 和 96.3%（为了表述简便，在正文论述时有小数点的数据保留小数点后一位，精确数据见表）。

　　第三步是测算管理学研究力评价得分。根据每个机构发表论文的情况，结合每种管理学学术期刊的国际他引影响因子，就可以分别测算出每所高等院校的管理学研究力整体评价得分、工商管理研究力整体评价得分、工商管理各子学科研究力评价得分以及管理科学与工程研究力评价得分。

　　第四步是归一化获得管理学研究力指数。按照归一化的方法，依据评价得分，可以得到每所高等院校的管理学研究力综合指数、工商管理研究力综合指数、工商管理各子学科研究力指数以及管理科学与工程研究力指数，并以此为基础对各高等院校的管理学研究力进行整体和细分的排名。

二　中国高等院校管理学研究力综合
　　指数与排名分析

　　根据中国高等院校管理学研究力综合指数的测算结果，我们所分析的 2012 年的 640.8 篇论文和 2013 年的 563.2 篇论文，分别来自国内的 191 所高等院校，其中既有综合类高等院校，也有以理工、人文科学为主的各类高等院校。2012 年，中国高等院校管理学研究力排前 10 位的分别是南开大学、中国人民大学、华中科技大学、中山大学、北京大学、武汉大学、清华大学、南京大学、东北财经大学和西安交通大学（如表 4 所示），其评价得分之和占所有高等院校评价得分之和的 36.4%，发表论文数量之和占论文总数的 29.5%；排第 11—20 位的分别是中央财经大学、上海财经大学、对外经济贸易大学、重庆大学、复旦大学、暨南大学、西南财经大学、哈尔滨工业大学、电子科技大学和厦门大学，其评价得分之和占所有高等院校评价得分之和的 19.5%，发表论文数量之和占论文总数的 17.8%。由此可见，2012 年中国高等院校管理学研究力量集中度较高，排前 20 位的高等院校评价得分之和占所有高等院校评价得分之和的 55.9%，发表论文数量之和占论文总数的 47.3%。

2013 年，中国高等院校管理学研究力排前 10 位的分别是南开大学、华中科技大学、中国人民大学、清华大学、南京大学、西安交通大学、电子科技大学、厦门大学、暨南大学和武汉大学（如表 5 所示），其评价得分之和占所有高等院校评价得分之和的 29%，发表论文数量之和占论文总数的 25.4%，集中度较 2012 年均有明显下降；排第 11—20 位的分别是中山大学、吉林大学、哈尔滨工业大学、东北财经大学、西南财经大学、上海财经大学、中南财经政法大学、浙江大学、北京大学和大连理工大学，其评价得分之和占所有高等院校评价得分之和的 18.3%，发表论文数量之和占论文总数的 19.4%，与 2012 年相比，前者集中度有所下降，后者集中度有所上升。综合来看，2013 年中国高等院校排前 20 位的高等院校评价得分之和占所有高等院校评价得分之和的 47.3%，较 2012 年下降了 8.6 个百分点，发表论文数量之和占论文总数的 44.8%，较 2012 年下降了 2.5 个百分点，研究力量集中度较 2012 年虽有所下降，但依然较高。

从排名的变化情况来看，2013 年排前 20 位的高等院校中，吉林大学、电子科技大学和厦门大学是进步最大的前三所，较 2012 年的位次分别提升了 19 位、12 位和 12 位，暨南大学、哈尔滨工业大学、中南财经政法大学和浙江大学的进步也较快，较 2012 年的位次均提升了 5 位以上（含 5 位）。相反，北京大学的位次较 2012 年有了明显下降，由 2012 年的第 5 位下降至 2013

年的第 19 位；中山大学和东北财经大学也分别下降了 7 位和 5 位。

进一步来看，无论是 2012 年还是 2013 年，各高等院校在管理学研究力方面的差距均十分明显。一方面，排名靠后的高等院校与排名靠前的高等院校之间差距巨大，2012 年和 2013 年排名均为第一的南开大学管理学研究力综合指数两年均为 100，而相应年份管理学研究力综合指数低于 10 的高等院校分别有 146 所和 136 所，其中还分别包括 37 所和 24 所指数低于 1 的高等院校。另一方面，排名靠前的高等院校之间差距也十分显著，2012 年和 2013 年排第 10 位的西安交通大学和武汉大学管理学研究力综合指数分别为 46.9 和 51.5，与第 1 位的南开大学之间存在十分明显的差距。与此同时，发表论文数的排名与研究力综合指数的排名并不一致，如 2012 年重庆大学发表的论文数量超过了清华大学、南京大学、东北财经大学、西安交通大学、中央财经大学、上海财经大学和对外经济贸易大学，但研究力综合指数排名却位于它们之后，这表明论文质量是影响管理学研究能力的重要因素。

表 4　　　　2012 年中国高等院校管理学研究力
综合指数及排名

单位	排名	论文数	评价得分	研究力综合指数
南开大学	1	30.33	1.8540	100.0
中国人民大学	2	20.95	1.6608	89.6
华中科技大学	3	21.10	1.4901	80.4
中山大学	4	19.58	1.4359	77.5
北京大学	5	18.25	1.2114	65.3
武汉大学	6	19.24	1.1706	63.1
清华大学	7	15.65	1.1430	61.6
南京大学	8	16.35	0.9952	53.7
东北财经大学	9	14.40	0.9025	48.7
西安交通大学	10	12.89	0.8698	46.9
中央财经大学	11	12.70	0.7804	42.1
上海财经大学	12	14.73	0.7486	40.4
对外经济贸易大学	13	9.05	0.7365	39.7
重庆大学	14	17.33	0.7259	39.2
复旦大学	15	10.85	0.6930	37.4
暨南大学	16	10.15	0.6841	36.9
西南财经大学	17	9.20	0.6807	36.7
哈尔滨工业大学	18	8.25	0.6315	34.1
电子科技大学	19	12.10	0.5996	32.3
厦门大学	20	9.95	0.5616	30.3
大连理工大学	21	10.25	0.5614	30.3
中南财经政法大学	22	7.95	0.4897	26.4
浙江大学	23	10.00	0.3874	20.9
同济大学	24	10.25	0.3842	20.7

续表

单位	排名	论文数	评价得分	研究力综合指数
山东大学	25	10.55	0.3601	19.4
四川大学	26	6.90	0.3594	19.4
东北大学	27	4.55	0.3330	18.0
南京航空航天大学	28	9.65	0.3302	17.8
华南理工大学	29	10.05	0.3232	17.4
北京航空航天大学	30	4.30	0.3228	17.4
吉林大学	31	7.80	0.3087	16.7
中南大学	32	5.40	0.2672	14.4
首都经济贸易大学	33	3.35	0.2601	14.0
东南大学	34	5.38	0.2504	13.5
山东财经大学	35	3.70	0.2432	13.1
浙江工商大学	36	6.35	0.2360	12.7
中国科学技术大学	37	8.15	0.2351	12.7
南京审计学院	38	3.63	0.2298	12.4
北京工商大学	39	2.15	0.2215	11.9
上海交通大学	40	3.85	0.2027	10.9
西北工业大学	41	4.15	0.2023	10.9
上海大学	42	3.20	0.1960	10.6
苏州大学	43	3.35	0.1896	10.2
西南交通大学	44	4.75	0.1867	10.1
哈尔滨工程大学	45	4.00	0.1850	10.0
山西大学	46	2.00	0.1810	9.8
江西财经大学	47	5.60	0.1792	9.7
重庆邮电大学	48	1.15	0.1739	9.4
中国社会科学院	49	6.98	0.1721	9.3

续表

单位	排名	论文数	评价得分	研究力综合指数
浙江工业大学	50	4.40	0.1667	9.0
湖南大学	51	2.50	0.1605	8.7
北京交通大学	52	2.35	0.1597	8.6
南京财经大学	53	1.85	0.1565	8.4
广西大学	54	4.15	0.1559	8.4
上海立信会计学院	55	1.50	0.1545	8.3
北京师范大学	56	1.75	0.1523	8.2
山东科技大学	57	1.50	0.1505	8.1
合肥工业大学	58	4.75	0.1451	7.8
浙江财经大学	59	2.85	0.1428	7.7
河南财经政法大学	60	3.95	0.1338	7.2
安徽财经大学	61	2.20	0.1336	7.2
安徽大学	62	3.00	0.1330	7.2
福州大学	63	4.35	0.1327	7.2
南京师范大学	64	1.85	0.1326	7.1
广东外语外贸大学	65	1.80	0.1311	7.1
华侨大学	66	3.00	0.1309	7.1
天津财经大学	67	2.30	0.1301	7.0
北京理工大学	68	2.00	0.1250	6.7
浙江万里学院	69	1.93	0.1191	6.4
中国地质大学	70	2.80	0.1182	6.4
长沙理工大学	71	1.40	0.1176	6.3
安徽工业大学	72	1.55	0.1155	6.2
云南财经大学	73	1.10	0.1113	6.0
上海对外经贸大学	74	3.23	0.1109	6.0

续表

单位	排名	论文数	评价得分	研究力综合指数
江苏大学	75	1.50	0.1065	5.7
天津理工大学	76	1.58	0.1007	5.4
中国科学院	77	3.40	0.0991	5.3
东北师范大学	78	1.00	0.0990	5.3
河海大学	79	1.25	0.0955	5.1
中国海洋大学	80	2.00	0.0940	5.1
杭州师范大学	81	1.30	0.0920	5.0
华东师范大学	82	0.85	0.0842	4.5
华东理工大学	83	1.70	0.0841	4.5
北京化工大学	84	1.00	0.0830	4.5
河北经贸大学	85	1.00	0.0830	4.5
辽宁工程技术大学	86	1.00	0.0830	4.5
武汉理工大学	87	3.00	0.0820	4.4
南昌航空大学	88	1.05	0.0732	3.9
南京邮电大学	89	0.85	0.0719	3.9
中欧国际工商学院	90	0.70	0.0693	3.7
上海海事大学	91	1.50	0.0685	3.7
南京理工大学	92	1.50	0.0685	3.7
广东财经大学	93	1.35	0.0685	3.7
天津大学	94	2.90	0.0642	3.5
南京工业大学	95	2.10	0.0630	3.4
重庆工商大学	96	1.85	0.0602	3.2
四川师范大学	97	0.70	0.0581	3.1
北京工业大学	98	2.00	0.0560	3.0
重庆交通大学	99	2.00	0.0520	2.8

续表

单位	排名	论文数	评价得分	研究力综合指数
江苏科技大学	100	0.50	0.0515	2.8
华北电力大学	101	0.50	0.0515	2.8
常熟理工学院	102	0.50	0.0515	2.8
杭州电子科技大学	103	2.15	0.0485	2.6
浙江理工大学	104	1.70	0.0482	2.6
中华女子学院	105	0.30	0.0477	2.6
西安理工大学	106	2.50	0.0475	2.6
青岛大学	107	2.00	0.0440	2.4
河北工业大学	108	1.00	0.0390	2.1
华南农业大学	109	1.00	0.0390	2.1
南京政治学院	110	1.00	0.0390	2.1
南京信息工程大学	111	1.15	0.0372	2.0
北京林业大学	112	1.25	0.0371	2.0
广西科技大学	113	0.35	0.0347	1.9
九江学院	114	0.35	0.0347	1.9
西安电子科技大学	115	1.60	0.0344	1.9
鲁东大学	116	1.40	0.0336	1.8
北京科技大学	117	1.00	0.0300	1.6
黄淮学院	118	1.00	0.0300	1.6
郑州航空工业管理学院	119	1.00	0.0300	1.6
大连交通大学	120	1.00	0.0300	1.6
太原理工大学	121	1.00	0.0300	1.6
山东建筑大学	122	1.00	0.0300	1.6
沈阳大学	123	1.00	0.0300	1.6
山西财经大学	124	1.00	0.0300	1.6

续表

单位	排名	论文数	评价得分	研究力综合指数
西华大学	125	1.00	0.0300	1.6
南京工业职业技术学院	126	0.30	0.0297	1.6
北京青年政治学院	127	0.30	0.0297	1.6
湖南师范大学	128	0.35	0.0291	1.6
汕头大学	129	0.35	0.0291	1.6
吉林财经大学	130	1.70	0.0289	1.6
东北石油大学	131	0.95	0.0285	1.5
三峡大学	132	0.50	0.0275	1.5
湖北经济学院	133	0.70	0.0273	1.5
上海电机学院	134	0.70	0.0273	1.5
烟台大学	135	0.70	0.0273	1.5
昆明理工大学	136	1.20	0.0264	1.4
兰州大学	137	1.00	0.0260	1.4
河南科技大学	138	1.00	0.0260	1.4
内蒙古工业大学	139	0.85	0.0255	1.4
中国农业大学	140	0.80	0.0250	1.3
内蒙古大学	141	0.30	0.0249	1.3
渤海大学	142	0.85	0.0221	1.2
华中师范大学	143	1.00	0.0220	1.2
淮海工学院	144	1.00	0.0220	1.2
北京物资学院	145	1.00	0.0220	1.2
郑州大学	146	1.00	0.0220	1.2
武汉科技大学	147	1.00	0.0220	1.2
哈尔滨理工大学	148	1.00	0.0220	1.2
中国计量学院	149	0.70	0.0210	1.1

续表

单位	排名	论文数	评价得分	研究力综合指数
浙江师范大学	150	0.70	0.0210	1.1
内蒙古电子信息职业技术学院	151	0.70	0.0210	1.1
黑龙江大学	152	0.70	0.0210	1.1
中央民族大学	153	0.70	0.0210	1.1
滁州学院	154	0.70	0.0210	1.1
上海应用技术学院	155	1.00	0.0170	0.9
云南大学	156	1.00	0.0170	0.9
深圳大学	157	1.00	0.0170	0.9
浙江树人大学	158	1.00	0.0170	0.9
华东政法大学	159	0.30	0.0165	0.9
湖南中医药大学	160	0.30	0.0165	0.9
武汉工程大学	161	0.23	0.0158	0.8
西南科技大学	162	0.70	0.0154	0.8
安徽师范大学	163	0.70	0.0154	0.8
大连大学	164	0.50	0.0150	0.8
北方工业大学	165	0.85	0.0145	0.8
新疆财经大学	166	0.45	0.0143	0.8
延边大学	167	0.70	0.0119	0.6
华南师范大学	168	0.70	0.0119	0.6
西安外国语大学	169	0.70	0.0119	0.6
内蒙古财经大学	170	0.35	0.0105	0.6
华北水利水电大学	171	0.30	0.0090	0.5
燕山大学	172	0.15	0.0087	0.5
中原工学院	173	0.15	0.0087	0.5
西安财经学院	174	0.15	0.0087	0.5

续表

单位	排名	论文数	评价得分	研究力综合指数
沈阳化工大学	175	0.15	0.0087	0.5
上海理工大学	176	0.10	0.0083	0.4
湖南商学院	177	0.10	0.0083	0.4
怀化学院	178	0.10	0.0083	0.4
南京农业大学	179	0.15	0.0083	0.4
山东理工大学	180	0.30	0.0078	0.4
成都中医药大学	181	0.25	0.0067	0.4
北京信息科技大学	182	0.35	0.0060	0.3
重庆师范大学	183	0.35	0.0060	0.3
北京联合大学	184	0.30	0.0051	0.3
重庆理工大学	185	0.15	0.0045	0.2
华东交通大学	186	0.08	0.0041	0.2
台州学院	187	0.15	0.0033	0.2
广东工业大学	188	0.15	0.0026	0.1
曲阜师范大学	189	0.15	0.0026	0.1
上海政法学院	190	0.15	0.0026	0.1
四川外国语大学	191	0.08	0.0023	0.1

　　注：在本报告样本期间（2012—2013），在本报告涉及的学校中，浙江财经学院更名为浙江财经大学，上海对外贸易学院更名为上海对外经贸大学，广东商学院更名为广东财经大学，广西工学院与柳州医学高等专科学校合并为广西科技大学，山东经济学院与山东财政学院合并为山东财经大学，内蒙古财经学院更名为内蒙古财经大学，华北水利水电学院更名为华北水利水电大学，四川外语学院更名为四川外国语大学，广州医学院更名为广州医科大学，东北财经大学津桥商学院转设为大连财经学院。为了叙述的方便，本报告统一采用新名称，下文不再具体说明。

表 5 2013 年中国高等院校管理学研究力
综合指数及排名

单位	2013 年排名	2012 年排名	论文数	评价得分	研究力综合指数
南开大学	1	1	23.48	1.1447	100.0
华中科技大学	2	3	14.20	0.8559	74.8
中国人民大学	3	2	16.50	0.8155	71.2
清华大学	4	7	12.38	0.7600	66.4
南京大学	5	8	15.21	0.7010	61.2
西安交通大学	6	10	15.79	0.6489	56.7
电子科技大学	7	19	10.30	0.6389	55.8
厦门大学	8	20	11.55	0.6214	54.3
暨南大学	9	16	10.75	0.6182	54.0
武汉大学	10	6	12.73	0.5896	51.5
中山大学	11	4	15.10	0.5696	49.8
吉林大学	12	31	12.35	0.5097	44.5
哈尔滨工业大学	13	18	9.05	0.4959	43.3
东北财经大学	14	9	10.88	0.4660	40.7
西南财经大学	15	17	8.38	0.4635	40.5
上海财经大学	16	12	10.88	0.4446	38.8
中南财经政法大学	17	22	10.05	0.4422	38.6
浙江大学	18	23	15.40	0.4408	38.5
北京大学	19	5	8.56	0.4180	36.5
大连理工大学	20	21	8.55	0.4131	36.1

续表

单位	2013 年排名	2012 年排名	论文数	评价得分	研究力综合指数
中央财经大学	21	11	7.45	0.4119	36.0
重庆大学	22	14	8.49	0.4035	35.3
复旦大学	23	15	7.95	0.3697	32.3
浙江工商大学	24	36	9.20	0.3607	31.5
中南大学	25	32	5.95	0.3562	31.1
四川大学	26	26	8.53	0.3271	28.6
山东大学	27	25	9.60	0.2995	26.2
北京理工大学	28	68	4.95	0.2864	25.0
天津大学	29	94	6.50	0.2817	24.6
湖南大学	30	51	4.30	0.2765	24.2
北京工商大学	31	39	3.85	0.2697	23.6
哈尔滨工程大学	32	45	8.70	0.2444	21.4
华东理工大学	33	83	5.38	0.2435	21.3
北京交通大学	34	52	3.85	0.2401	21.0
对外经济贸易大学	35	13	6.9	0.2314	20.2
中国科学技术大学	36	37	4.30	0.2237	19.5
东南大学	37	34	4.70	0.2231	19.5
上海大学	38	42	2.90	0.2000	17.5
东北大学	39	27	4.60	0.1994	17.4
北京航空航天大学	40	30	3.95	0.1982	17.3
中国社会科学院	41	49	5.15	0.1959	17.1

续表

单位	2013 年排名	2012 年排名	论文数	评价得分	研究力综合指数
西南交通大学	42	44	4.45	0.1874	16.4
同济大学	43	24	5.68	0.1795	15.7
长沙理工大学	44	71	2.70	0.1719	15.0
华南理工大学	45	29	4.80	0.1712	15.0
合肥工业大学	46	58	2.68	0.1697	14.8
北京邮电大学	47	—	3.85	0.1487	13.0
中国地质大学	48	70	3.00	0.1480	12.9
浙江工业大学	49	50	3.05	0.1430	12.5
上海交通大学	50	40	4.65	0.1400	12.2
中国计量学院	51	149	2.45	0.1356	11.8
天津工业大学	52	—	2.40	0.1337	11.7
武汉理工大学	53	87	5.70	0.1304	11.4
福州大学	54	63	2.00	0.1297	11.3
南京工业大学	55	95	2.35	0.1175	10.3
江南大学	56	—	2.35	0.1107	9.7
西北大学	57	—	2.00	0.1080	9.4
南京政治学院	58	110	2.00	0.1080	9.4
广东外语外贸大学	59	65	2.25	0.1020	8.9
南京航空航天大学	60	28	1.73	0.1018	8.9
华南师范大学	61	168	1.85	0.1017	8.9
南京财经大学	62	53	1.53	0.1013	8.8

续表

单位	2013 年排名	2012 年排名	论文数	评价得分	研究力综合指数
湖南师范大学	63	128	1.70	0.1003	8.8
山东财经大学	64	35	2.43	0.1001	8.7
中国海洋大学	65	80	2.00	0.0990	8.6
广西大学	66	54	1.70	0.0973	8.5
南京理工大学	67	92	1.93	0.0966	8.4
西北工业大学	68	41	1.70	0.0959	8.4
浙江财经大学	69	59	2.00	0.0950	8.3
安徽财经大学	70	61	3.65	0.0945	8.3
中国矿业大学	71	—	2.05	0.0940	8.2
广东财经大学	72	93	2.40	0.0925	8.1
江苏大学	73	75	2.65	0.0924	8.1
汕头大学	74	129	2.15	0.0918	8.0
重庆理工大学	75	185	1.20	0.0896	7.8
南京信息工程大学	76	111	2.85	0.0859	7.5
江西财经大学	77	47	1.15	0.0850	7.4
内蒙古工业大学	78	139	3.70	0.0814	7.1
天津财经大学	79	67	1.45	0.0787	6.9
北方工业大学	80	165	1.40	0.0784	6.8
重庆师范大学	81	183	1.65	0.0773	6.7
北方民族大学	82	—	1.70	0.0759	6.6
上海对外经贸大学	83	74	1.30	0.0733	6.4

续表

单位	2013 年排名	2012 年排名	论文数	评价得分	研究力综合指数
西安理工大学	84	106	1.00	0.0730	6.4
杭州电子科技大学	85	103	1.70	0.0723	6.3
贵州大学	86	—	1.70	0.0659	5.8
江苏科技大学	87	100	1.50	0.0655	5.7
上海海事大学	88	91	1.15	0.0653	5.7
辽宁大学	89	—	2.00	0.0650	5.7
安徽大学	90	62	1.20	0.0642	5.6
华东师范大学	91	82	1.00	0.0632	5.5
辽宁科技大学	92	—	1.50	0.0613	5.4
上海立信会计学院	93	55	1.00	0.0590	5.2
河南农业大学	94	—	1.00	0.0590	5.2
华北电力大学	95	101	1.00	0.0590	5.2
华侨大学	96	66	2.55	0.0574	5.0
重庆工商大学	97	96	1.85	0.0550	4.8
广东技术师范学院	98	—	0.70	0.0539	4.7
三峡大学	99	132	0.90	0.0531	4.6
中央民族大学	100	153	1.00	0.0530	4.6
浙江师范大学	101	150	1.00	0.0437	3.8
辽宁工程技术大学	102	86	1.00	0.0420	3.7
台州职业技术学院	103	—	1.00	0.0420	3.7
西华大学	104	125	1.00	0.0420	3.7

续表

单位	2013 年排名	2012 年排名	论文数	评价得分	研究力综合指数
湘潭大学	105	—	1.00	0.0420	3.7
淮海工学院	106	144	0.70	0.0413	3.6
济南大学	107	—	0.70	0.0413	3.6
温州大学	108	—	1.50	0.0400	3.5
扬州大学	109	—	0.50	0.0385	3.4
南京审计学院	110	38	0.50	0.0385	3.4
重庆三峡学院	111	—	0.50	0.0385	3.4
山东师范大学	112	—	0.65	0.0384	3.4
北京第二外国语学院	113	—	0.85	0.0357	3.1
浙江理工大学	114	104	0.60	0.0357	3.1
中国科学院	115	77	1.91	0.0350	3.1
兰州大学	116	137	0.58	0.0339	3.0
山西财经大学	117	124	1.85	0.0333	2.9
北京师范大学	118	56	0.80	0.0323	2.8
河海大学	119	79	1.15	0.0319	2.8
燕山大学	120	172	1.00	0.0310	2.7
华中师范大学	121	143	1.00	0.0310	2.7
华南农业大学	122	109	1.00	0.0310	2.7
深圳大学	123	157	1.00	0.0310	2.7
南通大学	124	—	0.50	0.0295	2.6
华东交通大学	125	186	0.50	0.0295	2.6

续表

单位	2013 年排名	2012 年排名	论文数	评价得分	研究力综合指数
五邑大学	126	—	0.50	0.0295	2.6
浙江外国语学院	127	—	0.70	0.0294	2.6
华中农业大学	128	—	0.85	0.0264	2.3
宁波大学	129	—	0.85	0.0264	2.3
军事交通学院	130	—	0.35	0.0256	2.2
安徽工业大学	131	72	1.40	0.0238	2.1
苏州大学	132	43	1.15	0.0237	2.1
常州工学院	133	—	1.00	0.0220	1.9
西南石油大学	134	—	1.00	0.0220	1.9
河南大学	135	—	1.00	0.0220	1.9
浙江农林大学	136	—	1.00	0.0220	1.9
河南财经政法大学	137	60	1.00	0.0220	1.9
天津科技大学	138	—	1.00	0.0220	1.9
黑龙江大学	139	152	1.00	0.0220	1.9
上海师范大学	140	—	0.70	0.0217	1.9
常州大学	141	—	0.50	0.0210	1.8
河南科技大学	142	138	0.35	0.0207	1.8
齐齐哈尔大学	143	—	0.93	0.0204	1.8
北京科技大学	144	117	0.70	0.0203	1.8
首都经济贸易大学	145	33	0.85	0.0200	1.7
西安电子科技大学	146	115	1.00	0.0190	1.7

续表

单位	2013 年排名	2012 年排名	论文数	评价得分	研究力综合指数
青岛理工大学	147	—	0.35	0.0186	1.6
河北科技大学	148	—	0.30	0.0177	1.5
大连财经学院	149	—	0.30	0.0177	1.5
天津理工大学	150	76	0.90	0.0171	1.5
广东科学技术职业学院	151	—	0.85	0.0162	1.4
内蒙古大学	152	141	0.70	0.0154	1.3
北京外国语大学	153	—	0.70	0.0133	1.2
中南民族大学	154	—	0.70	0.0133	1.2
广东工业大学	155	188	0.70	0.0133	1.2
广州工商职业技术学院	156	—	0.70	0.0133	1.2
北京印刷学院	157	—	0.30	0.0132	1.2
华北水利水电大学	158	171	0.30	0.0126	1.1
北京工业大学	159	98	1.00	0.0120	1.0
东北林业大学	160	—	0.15	0.0116	1.0
重庆第二师范学院	161	—	0.15	0.0116	1.0
武汉长江工商学院	162	—	0.15	0.0116	1.0
中欧国际工商学院	163	90	0.15	0.0116	1.0
河南理工大学	164	—	0.15	0.0116	1.0
中国石油大学	165	—	0.15	0.0116	1.0
西南政法大学	166	—	0.50	0.0110	1.0
沈阳化工大学	167	175	0.15	0.0110	1.0

续表

单位	2013 年排名	2012 年排名	论文数	评价得分	研究力综合指数
信阳师范学院	168	—	0.35	0.0109	0.9
台州学院	169	187	0.35	0.0109	0.9
上海工会管理职业学院	170	—	0.35	0.0102	0.9
太原科技大学	171	—	0.35	0.0102	0.9
青岛大学	172	107	0.15	0.0089	0.8
黄冈师范学院	173	—	0.15	0.0089	0.8
广州大学	174	—	0.15	0.0086	0.7
郑州大学	175	146	0.15	0.0086	0.7
成都理工大学	176	—	0.10	0.0077	0.7
西南民族大学	177	—	0.10	0.0077	0.7
广州医科大学	178	—	0.30	0.0066	0.6
沈阳师范大学	179	—	0.15	0.0063	0.6
辽宁对外经贸学院	180	—	0.15	0.0063	0.6
江苏师范大学	181	—	0.10	0.0059	0.5
东北电力大学	182	—	0.10	0.0059	0.5
东华大学	183	—	0.30	0.0057	0.5
中国人民公安大学	184	—	0.30	0.0057	0.5
广西师范大学	185	—	0.30	0.0057	0.5
重庆三峡职业学院	186	—	0.08	0.0043	0.4
潍坊学院	187	—	0.35	0.0042	0.4
川北医学院	188	—	0.35	0.0042	0.4

续表

单位	2013 年排名	2012 年排名	论文数	评价得分	研究力综合指数
北京林业大学	189	112	0.15	0.0029	0.2
南京农业大学	190	179	0.08	0.0022	0.2
景德镇陶瓷学院	191	—	0.10	0.0019	0.2

三　中国高等院校工商管理研究力综合指数与排名分析

　　除对整个管理学研究力进行评价外，我们还分别就中国高等院校工商管理和管理科学与工程的研究力进行了评价。根据中国高等院校工商管理研究力综合指数的测算结果，2012 年和 2013 年我们所选择的工商管理论文数量分别为 483.8 篇和 415.1 篇，占所选择的管理学论文数量的比例分别为 75.5% 和 73.7%，涉及的高等院校数量分别为 168 所和 160 所，这说明工商管理是管理学的主要研究领域。2012 年，中国高等院校工商管理研究力排前 10 位的分别是南开大学、中国人民大学、中山大学、北京大学、华中科技大学、清华大学、南京大学、武汉大学、东北财经大学和中央财经大学（如表6所示），与该年管理学研究力的前10位高等院校名单出入很小，且前10位高等院校的评价得分之和占所有高等院校工商管理研究力评价得分之和的38.5%，发表论文数量之和占高等院校工商管理论文总数的31.7%，二者均略高于管理学研究力情形中相对应的比重。排第11—20位的高等院校分别是西南财经大学、复旦大学、对外经济贸易大学、暨南大学、西安交通大学、厦门大学、中南财经政法大学、上海财经大学、哈尔滨工业大学和大连理工大学，其评价得分之和占所有高等院校评价得分之和的19.3%，发表论文数量之和占工商管理论文总数的17.7%，二者均与管理学研究力情形中相对应的比重相当。由此可见，2012年中国高等院校工商管理研究力量集中度也较高，排前20位的高等院校评价得分之和占所有高等院校评价得分之和的57.8%，发表论文数量之和占工商管理论文总数的49.4%，二者均略高于管理学研究力情形中相对应的比重。

2013年中国高等院校工商管理研究力排在前10位的分别是南开大学、中国人民大学、清华大学、南京大学、华中科技大学、暨南大学、中山大学、厦门大学、武汉大学和东北财经大学（如表 7 所示），与该年管理学研究力的前 10 位高等院校名单略有差别，且前 10 位高等院校的评价得分之和占所有高等院校工商管理研究力评价得分之和的 32.6%，发表论文数量之和占工商管理论文总数的 28.5%，二者均高于管理学研究力情形中相对应的比重，但较 2012 年均有明显下降。排第 11—20 位的分别是吉林大学、西南财经大学、中南财经政法大学、浙江大学、北京大学、上海财经大学、浙江工商大学、中央财经大学、西安交通大学和中南大学，其评价得分之和占所有高等院校评价得分之和的 19.7%，发表论文数量之和占工商管理论文总数的 20.1%，较 2012 年集中度均有所上升。综合来看，2013 年中国高等院校工商管理研究力排前 20 位的高等院校评价得分之和占所有高等院校评价得分之和的 52.3%，较 2012 年下降 5.5 个百分点，发表论文数量之和占工商管理论文总数的 48.6%，较 2012 年下降了 0.8 个百分点，但二者均高于管理学研究力情形中相对应的比重。

从排名的变化情况来看，2013 年工商管理研究力排前 20 位的高等院校中，浙江工商大学、中南大学和吉林大学进步十分明显，较 2012 年的位次分别提升了 17 位、16 位和 14 位，厦门大学、暨南大学和浙江大学较 2012 年的位次也分别提升了 8 位、8 位和 7 位。北京大学的位次较 2012 年有了明显下降，由 2012 年的第 4 位下降至 2013 年的第 15 位；中央财经大学和西安交通大学也分别下降了 8 位和 4 位。

与管理学研究力的情况类似，无论是 2012 年还是 2013 年，各高等院校在工商管理研究力方面的差距均十分明显。一方面，排名靠后的高等院校与排名靠前的高等院校之间差距巨大，2012 年和 2013 年排名均为第一的南开大学工商管理研究力综合指数均为 100，而相应年份工商管理研究力综合指数低于 10 的高等院校分别有 126 所和 105 所，其中还分别包括 23 所和 13 所指数低于 1 的高等院校。另一方面，排名靠前的高等院校之间差距也十分显著，2012 年和 2013 年排第 10 位的中央财经大学和东北财经大学工商管理研究力综合指数分别为 45.1 和 52.1，与第 1 位的南开大学之间存在十分明显的差距。

表 6 　　　**2012 年中国高等院校工商管理研究力**
综合指数及排名

单位	排名	论文数	评价得分	研究力综合指数
南开大学	1	25.63	1.6480	100.0
中国人民大学	2	18.95	1.5700	95.3
中山大学	3	15.58	1.3119	79.6
北京大学	4	12.95	1.0588	64.2
华中科技大学	5	11.85	1.0214	62.0
清华大学	6	12.45	0.9998	60.7
南京大学	7	15.75	0.9772	59.3
武汉大学	8	15.39	0.9513	57.7
东北财经大学	9	14.05	0.8822	53.5
中央财经大学	10	11.00	0.7430	45.1
西南财经大学	11	9.20	0.6807	41.3
复旦大学	12	10.55	0.6720	40.8
对外经济贸易大学	13	7.90	0.6569	39.9
暨南大学	14	9.15	0.6141	37.3
西安交通大学	15	7.63	0.5738	34.8
厦门大学	16	9.25	0.5126	31.1
中南财经政法大学	17	7.95	0.4897	29.7
上海财经大学	18	10.18	0.4793	29.1
哈尔滨工业大学	19	5.35	0.4765	28.9
大连理工大学	20	8.25	0.4404	26.7
浙江大学	21	9.70	0.3784	23.0

续表

单位	排名	论文数	评价得分	研究力综合指数
北京航空航天大学	22	4.30	0.3228	19.6
四川大学	23	4.90	0.3074	18.7
重庆大学	24	5.95	0.3063	18.6
吉林大学	25	7.00	0.2911	17.7
山东大学	26	7.40	0.2908	17.6
首都经济贸易大学	27	3.35	0.2601	15.8
东北大学	28	2.70	0.2537	15.4
华南理工大学	29	7.40	0.2437	14.8
同济大学	30	5.40	0.2335	14.2
南京航空航天大学	31	5.15	0.2236	13.6
北京工商大学	32	2.15	0.2215	13.4
电子科技大学	33	2.00	0.1980	12.0
浙江工商大学	34	4.35	0.1920	11.6
苏州大学	35	3.35	0.1896	11.5
中南大学	36	3.40	0.1872	11.4
哈尔滨工程大学	37	4.00	0.1850	11.2
上海交通大学	38	3.00	0.1840	11.2
江西财经大学	39	5.60	0.1792	10.9
重庆邮电大学	40	1.15	0.1739	10.5
中国社会科学院	41	6.98	0.1721	10.4
中国科学技术大学	42	6.15	0.1659	10.1
湖南大学	43	2.50	0.1605	9.7

续表

单位	排名	论文数	评价得分	研究力综合指数
山西大学	44	1.00	0.1590	9.6
南京审计学院	45	2.00	0.1580	9.6
浙江工业大学	46	4.10	0.1577	9.6
广西大学	47	4.15	0.1559	9.5
上海立信会计学院	48	1.50	0.1545	9.4
北京师范大学	49	1.75	0.1523	9.2
山东科技大学	50	1.50	0.1505	9.1
浙江财经大学	51	2.85	0.1428	8.7
北京交通大学	52	1.35	0.1377	8.4
东南大学	53	3.30	0.1363	8.3
河南财经政法大学	54	3.95	0.1338	8.1
山东财经大学	55	2.35	0.1337	8.1
安徽财经大学	56	2.20	0.1336	8.1
安徽大学	57	3.00	0.1330	8.1
南京师范大学	58	1.85	0.1326	8.0
广东外语外贸大学	59	1.80	0.1311	8.0
浙江万里学院	60	1.93	0.1191	7.2
长沙理工大学	61	1.40	0.1176	7.1
安徽工业大学	62	1.55	0.1155	7.0
云南财经大学	63	1.10	0.1113	6.8
天津财经大学	64	1.30	0.1081	6.6
江苏大学	65	1.50	0.1065	6.5

单位	排名	论文数	评价得分	研究力综合指数
南京财经大学	66	1.00	0.1030	6.3
北京理工大学	67	1.00	0.1030	6.3
天津理工大学	68	1.58	0.1007	6.1
东北师范大学	69	1.00	0.0990	6.0
上海大学	70	1.50	0.0974	5.9
中国地质大学	71	1.80	0.0962	5.8
中国海洋大学	72	2.00	0.0940	5.7
杭州师范大学	73	1.30	0.0920	5.6
河海大学	74	0.95	0.0889	5.4
西北工业大学	75	2.15	0.0863	5.2
华东师范大学	76	0.85	0.0842	5.1
华东理工大学	77	1.70	0.0841	5.1
北京化工大学	78	1.00	0.0830	5.0
河北经贸大学	79	1.00	0.0830	5.0
辽宁工程技术大学	80	1.00	0.0830	5.0
武汉理工大学	81	3.00	0.0820	5.0
中国科学院	82	2.40	0.0771	4.7
南昌航空大学	83	1.05	0.0732	4.4
南京邮电大学	84	0.85	0.0719	4.4
中欧国际工商学院	85	0.70	0.0693	4.2
上海海事大学	86	1.50	0.0685	4.2
南京理工大学	87	1.50	0.0685	4.2

续表

单位	排名	论文数	评价得分	研究力综合指数
重庆工商大学	88	1.85	0.0602	3.6
四川师范大学	89	0.70	0.0581	3.5
西南交通大学	90	1.05	0.0557	3.4
华侨大学	91	1.70	0.0555	3.4
江苏科技大学	92	0.50	0.0515	3.1
华北电力大学	93	0.50	0.0515	3.1
常熟理工学院	94	0.50	0.0515	3.1
合肥工业大学	95	0.75	0.0491	3.0
浙江理工大学	96	1.70	0.0482	2.9
中华女子学院	97	0.30	0.0477	2.9
河北工业大学	98	1.00	0.0390	2.4
华南农业大学	99	1.00	0.0390	2.4
南京政治学院	100	1.00	0.0390	2.4
天津大学	101	1.75	0.0389	2.4
北京林业大学	102	1.25	0.0371	2.2
广西科技大学	103	0.35	0.0347	2.1
九江学院	104	0.35	0.0347	2.1
西安电子科技大学	105	1.60	0.0344	2.1
上海对外经贸大学	106	1.23	0.0309	1.9
福州大学	107	1.35	0.0307	1.9
南京工业大学	108	1.00	0.0300	1.8
黄淮学院	109	1.00	0.0300	1.8

续表

单位	排名	论文数	评价得分	研究力综合指数
郑州航空工业管理学院	110	1.00	0.0300	1.8
大连交通大学	111	1.00	0.0300	1.8
太原理工大学	112	1.00	0.0300	1.8
山东建筑大学	113	1.00	0.0300	1.8
沈阳大学	114	1.00	0.0300	1.8
山西财经大学	115	1.00	0.0300	1.8
西华大学	116	1.00	0.0300	1.8
南京工业职业技术学院	117	0.30	0.0297	1.8
北京青年政治学院	118	0.30	0.0297	1.8
湖南师范大学	119	0.35	0.0291	1.8
汕头大学	120	0.35	0.0291	1.8
吉林财经大学	121	1.70	0.0289	1.8
东北石油大学	122	0.95	0.0285	1.7
三峡大学	123	0.50	0.0275	1.7
湖北经济学院	124	0.70	0.0273	1.7
上海电机学院	125	0.70	0.0273	1.7
烟台大学	126	0.70	0.0273	1.7
南京信息工程大学	127	0.70	0.0273	1.7
兰州大学	128	1.00	0.0260	1.6
河南科技大学	129	1.00	0.0260	1.6
北京工业大学	130	1.00	0.0260	1.6
西安理工大学	131	1.50	0.0255	1.5

续表

单位	排名	论文数	评价得分	研究力综合指数
内蒙古工业大学	132	0.85	0.0255	1.5
内蒙古大学	133	0.30	0.0249	1.5
渤海大学	134	0.85	0.0221	1.3
内蒙古电子信息职业技术学院	135	0.70	0.0210	1.3
黑龙江大学	136	0.70	0.0210	1.3
中央民族大学	137	0.70	0.0210	1.3
滁州学院	138	0.70	0.0210	1.3
鲁东大学	139	0.70	0.0182	1.1
上海应用技术学院	140	1.00	0.0170	1.0
云南大学	141	1.00	0.0170	1.0
深圳大学	142	1.00	0.0170	1.0
浙江树人大学	143	1.00	0.0170	1.0
华东政法大学	144	0.30	0.0165	1.0
湖南中医药大学	145	0.30	0.0165	1.0
大连大学	146	0.50	0.0150	0.9
北方工业大学	147	0.85	0.0145	0.9
新疆财经大学	148	0.45	0.0143	0.9
延边大学	149	0.70	0.0119	0.7
华南师范大学	150	0.70	0.0119	0.7
西安外国语大学	151	0.70	0.0119	0.7
内蒙古财经大学	152	0.35	0.0105	0.6
华北水利水电大学	153	0.30	0.0090	0.5

单位	排名	论文数	评价得分	研究力综合指数
上海理工大学	154	0.10	0.0083	0.5
湖南商学院	155	0.10	0.0083	0.5
怀化学院	156	0.10	0.0083	0.5
南京农业大学	157	0.15	0.0083	0.5
山东理工大学	158	0.30	0.0078	0.5
中国农业大学	159	0.35	0.0060	0.4
北京信息科技大学	160	0.35	0.0060	0.4
重庆师范大学	161	0.35	0.0060	0.4
北京联合大学	162	0.30	0.0051	0.3
杭州电子科技大学	163	0.15	0.0045	0.3
成都中医药大学	164	0.15	0.0045	0.3
华东交通大学	165	0.08	0.0041	0.3
广东工业大学	166	0.15	0.0026	0.2
曲阜师范大学	167	0.15	0.0026	0.2
上海政法学院	168	0.15	0.0026	0.2

表7   2013年中国高等院校工商管理研究力
综合指数及排名

单位	2013年排名	2012年排名	论文数	评价得分	研究力综合指数
南开大学	1	1	19.38	0.8454	100.0
中国人民大学	2	2	14.63	0.6797	80.4

续表

单位	2013 年排名	2012 年排名	论文数	评价得分	研究力综合指数
清华大学	3	6	8.20	0.5442	64.4
南京大学	4	7	12.68	0.5311	62.8
华中科技大学	5	5	9.35	0.5278	62.4
暨南大学	6	14	8.95	0.5183	61.3
中山大学	7	3	14.10	0.5168	61.1
厦门大学	8	16	9.55	0.5074	60.0
武汉大学	9	8	10.88	0.4681	55.4
东北财经大学	10	9	10.53	0.4404	52.1
吉林大学	11	25	11.05	0.4356	51.5
西南财经大学	12	11	6.53	0.3861	45.7
中南财经政法大学	13	17	9.05	0.3832	45.3
浙江大学	14	21	13.30	0.3799	44.9
北京大学	15	4	7.26	0.3413	40.4
上海财经大学	16	18	8.83	0.3302	39.1
浙江工商大学	17	34	8.20	0.3017	35.7
中央财经大学	18	10	5.45	0.2939	34.8
西安交通大学	19	15	9.50	0.2800	33.1
中南大学	20	36	4.30	0.2497	29.5
复旦大学	21	12	5.85	0.2478	29.3
山东大学	22	26	8.30	0.2228	26.3
大连理工大学	23	20	5.55	0.2221	26.3
湖南大学	24	43	3.30	0.2175	25.7
哈尔滨工业大学	25	19	4.40	0.2131	25.2

续表

单位	2013 年排名	2012 年排名	论文数	评价得分	研究力综合指数
四川大学	26	23	6.73	0.2065	24.4
华东理工大学	27	77	4.58	0.1977	23.4
北京工商大学	28	32	2.85	0.1967	23.3
中国社会科学院	29	41	5.15	0.1959	23.2
天津大学	30	101	5.15	0.1941	23.0
北京交通大学	31	52	2.85	0.1811	21.4
对外经济贸易大学	32	13	6.20	0.1803	21.3
华南理工大学	33	29	4.80	0.1712	20.3
中国地质大学	34	71	3.00	0.1480	17.5
重庆大学	35	24	2.55	0.1369	16.2
中国计量学院	36	—	2.45	0.1356	16.0
武汉理工大学	37	81	5.70	0.1304	15.4
哈尔滨工程大学	38	37	5.70	0.1274	15.1
同济大学	39	30	4.68	0.1205	14.3
西南交通大学	40	90	3.45	0.1144	13.5
北京理工大学	41	67	1.95	0.1094	12.9
东北大学	42	28	2.75	0.1084	12.8
西北大学	43	—	2.00	0.1080	12.8
南京政治学院	44	100	2.00	0.1080	12.8
广东外语外贸大学	45	59	2.25	0.1020	12.1
南京财经大学	46	66	1.53	0.1013	12.0
湖南师范大学	47	119	1.70	0.1003	11.9
中国海洋大学	48	72	2.00	0.0990	11.7

续表

单位	2013 年排名	2012 年排名	论文数	评价得分	研究力综合指数
浙江工业大学	49	46	1.50	0.0980	11.6
浙江财经大学	50	51	2.00	0.0950	11.2
安徽财经大学	51	56	3.65	0.0945	11.2
天津工业大学	52	—	1.70	0.0924	10.9
北京邮电大学	53	—	2.85	0.0897	10.6
上海交通大学	54	38	3.10	0.0865	10.2
江西财经大学	55	39	1.15	0.0850	10.0
内蒙古工业大学	56	132	3.70	0.0814	9.6
上海大学	57	70	1.10	0.0812	9.6
广西大学	58	47	1.00	0.0770	9.1
华南师范大学	59	150	1.00	0.0770	9.1
北方民族大学	60	—	1.70	0.0759	9.0
电子科技大学	61	33	1.00	0.0712	8.4
山东财经大学	62	55	1.35	0.0690	8.2
贵州大学	63	—	1.70	0.0659	7.8
辽宁大学	64	—	2.00	0.0650	7.7
江苏大学	65	65	1.65	0.0634	7.5
华东师范大学	66	76	1.00	0.0632	7.5
南京工业大学	67	108	1.35	0.0585	6.9
华侨大学	68	91	2.55	0.0574	6.8
合肥工业大学	69	95	0.93	0.0546	6.5
长沙理工大学	70	61	0.70	0.0539	6.4
广东技术师范学院	71	—	0.70	0.0539	6.4

续表

单位	2013 年排名	2012 年排名	论文数	评价得分	研究力综合指数
天津财经大学	72	64	1.00	0.0530	6.3
中央民族大学	73	137	1.00	0.0530	6.3
福州大学	74	107	0.65	0.0501	5.9
南京信息工程大学	75	127	2.15	0.0460	5.4
东南大学	76	53	0.85	0.0451	5.3
西北工业大学	77	75	1.00	0.0448	5.3
浙江师范大学	78	—	1.00	0.0437	5.2
辽宁工程技术大学	79	80	1.00	0.0420	5.0
台州职业技术学院	80	—	1.00	0.0420	5.0
西华大学	81	116	1.00	0.0420	5.0
湘潭大学	82	—	1.00	0.0420	5.0
南京理工大学	83	87	1.00	0.0420	5.0
广东财经大学	84	—	1.70	0.0414	4.9
温州大学	85		1.50	0.0400	4.7
重庆理工大学	86		0.50	0.0385	4.6
扬州大学	87		0.50	0.0385	4.6
南京审计学院	88	45	0.50	0.0385	4.6
重庆三峡学院	89	—	0.50	0.0385	4.6
北方工业大学	90	147	0.70	0.0371	4.4
北京第二外国语学院	91	—	0.85	0.0357	4.2
浙江理工大学	92	96	0.60	0.0357	4.2
山西财经大学	93	115	1.85	0.0333	3.9
汕头大学	94	120	1.15	0.0328	3.9

续表

单位	2013 年排名	2012 年排名	论文数	评价得分	研究力综合指数
河海大学	95	74	1.15	0.0319	3.8
中国科学技术大学	96	42	1.00	0.0310	3.7
燕山大学	97	—	1.00	0.0310	3.7
华中师范大学	98	—	1.00	0.0310	3.7
华南农业大学	99	99	1.00	0.0310	3.7
深圳大学	100	142	1.00	0.0310	3.7
中国科学院	101	82	1.80	0.0297	3.5
五邑大学	102	—	0.50	0.0295	3.5
浙江外国语学院	103	—	0.70	0.0294	3.5
北京师范大学	104	49	0.70	0.0294	3.5
华中农业大学	105	—	0.85	0.0264	3.1
宁波大学	106	—	0.85	0.0264	3.1
北京航空航天大学	107	22	0.60	0.0252	3.0
辽宁科技大学	108	—	1.00	0.0248	2.9
安徽工业大学	109	62	1.40	0.0238	2.8
苏州大学	110	35	1.15	0.0237	2.8
常州工学院	111		1.00	0.0220	2.6
西南石油大学	112	—	1.00	0.0220	2.6
河南大学	113		1.00	0.0220	2.6
浙江农林大学	114		1.00	0.0220	2.6
河南财经政法大学	115	54	1.00	0.0220	2.6
天津科技大学	116	—	1.00	0.0220	2.6
黑龙江大学	117	136	1.00	0.0220	2.6

续表

单位	2013 年排名	2012 年排名	论文数	评价得分	研究力综合指数
上海师范大学	118	—	0.70	0.0217	2.6
常州大学	119	—	0.50	0.0210	2.5
齐齐哈尔大学	120	—	0.93	0.0204	2.4
首都经济贸易大学	121	27	0.85	0.0200	2.4
西安电子科技大学	122	105	1.00	0.0190	2.2
青岛理工大学	123	—	0.35	0.0186	2.2
大连财经学院	124	—	0.30	0.0177	2.1
天津理工大学	125	68	0.90	0.0171	2.0
广东科学技术职业学院	126	—	0.85	0.0162	1.9
内蒙古大学	127	133	0.70	0.0154	1.8
上海对外经贸大学	128	106	0.30	0.0143	1.7
杭州电子科技大学	129	163	0.70	0.0133	1.6
北京外国语大学	130	—	0.70	0.0133	1.6
中南民族大学	131	—	0.70	0.0133	1.6
广东工业大学	132	166	0.70	0.0133	1.6
广州工商职业技术学院	133	—	0.70	0.0133	1.6
江南大学	134		0.70	0.0133	1.6
华北水利水电大学	135	153	0.30	0.0126	1.5
重庆师范大学	136	161	0.30	0.0126	1.5
北京工业大学	137	130	1.00	0.0120	1.4
东北林业大学	138	—	0.15	0.0116	1.4
重庆第二师范学院	139	—	0.15	0.0116	1.4
武汉长江工商学院	140	—	0.15	0.0116	1.4

单位	2013 年排名	2012 年排名	论文数	评价得分	研究力综合指数
中欧国际工商学院	141	85	0.15	0.0116	1.4
河南理工大学	142	—	0.15	0.0116	1.4
中国石油大学	143	—	0.15	0.0116	1.4
西南政法大学	144	—	0.50	0.0110	1.3
信阳师范学院	145	—	0.35	0.0109	1.3
台州学院	146	—	0.35	0.0109	1.3
黄冈师范学院	147	—	0.15	0.0089	1.0
广州医科大学	148	—	0.30	0.0066	0.8
上海海事大学	149	86	0.15	0.0063	0.7
沈阳师范大学	150	—	0.15	0.0063	0.7
辽宁对外经贸学院	151	—	0.15	0.0063	0.7
重庆工商大学	152	88	0.50	0.0060	0.7
东华大学	153	—	0.30	0.0057	0.7
中国人民公安大学	154	—	0.30	0.0057	0.7
广西师范大学	155	—	0.30	0.0057	0.7
潍坊学院	156	—	0.35	0.0042	0.5
川北医学院	157	—	0.35	0.0042	0.5
安徽大学	158	57	0.35	0.0042	0.5
北京林业大学	159	102	0.15	0.0029	0.3
景德镇陶瓷学院	160	—	0.10	0.0019	0.2

四　中国高等院校工商管理各子学科研究力指数与排名分析

工商管理可以进一步细分为不同的子学科。借鉴国家自然科学学科分类方法，并考虑相关研究文献的数量，本报告将工商管理分为 8 个子学科，即企业理论、战略管理、财务管理、市场营销管理、创新管理、组织管理、人力资源管理、企业文化与社会责任。

在分析了国内各高等院校的管理学研究力和工商管理研究力以后，对工商管理学科体系下的各子学科的研究力进行分项研究，对于促进各子学科的发展及更全面地把握各高等院校的工商管理研究力，具有重要的意义。

（一）企业理论研究力指数与排名

由于 2012 年企业理论的论文较少，且论文多为非高等院校的研究机构的研究成果，故略去不予分析。根据中国高等院校企业理论研究力指数的测算结果，2013 年共有 11 篇研究企业理论的论文，在这 11 篇论文中有 10.2 篇是高等院校的研究成果，涉及 13 家单位

（如表 8 所示）。企业理论研究力评价得分居于前 5 位的分别是暨南大学、哈尔滨工业大学、清华大学、北京交通大学和江苏大学。

表 8　　2013 年中国高等院校企业理论研究力指数及排名

单位	排名	论文数	评价得分	研究力指数
暨南大学	1	2.00	0.1300	100.0
哈尔滨工业大学	2	1.00	0.0770	59.2
清华大学	3	0.70	0.0539	41.5
北京交通大学	4	0.85	0.0451	34.7
江苏大学	5	0.50	0.0385	29.6
南京财经大学	6	0.50	0.0385	29.6
上海财经大学	7	1.00	0.0120	9.2
中南财经政法大学	8	1.00	0.0120	9.2
厦门大学	9	1.00	0.0120	9.2
中山大学	10	0.85	0.0102	7.8
中国社会科学院	11	0.15	0.0080	6.1
重庆工商大学	12	0.50	0.0060	4.6
汕头大学	13	0.15	0.0018	1.4

（二）战略管理研究力指数与排名

根据中国高等院校战略管理研究力指数的测算结

果，2012 年共有 189 篇关于战略管理的文献，其中有 177.8 篇来自国内各高等院校，占比为 94.1%。这说明国内高等院校是战略管理研究的主要力量。2012 年，关于战略管理的 189 篇文献，约占 2012 年管理学研究文献总数 677 篇的 1/3；2013 年，关于战略管理的文献有 164 篇，占 2013 年管理学研究文献 585 篇的近 1/3。与工商管理的其他子学科相比，战略管理研究的发文数量最多，可以说是工商管理研究的最热领域。 2012 年，中国高等院校战略管理研究力排前 10 位的分别是北京大学、南开大学、电子科技大学、东北财经大学、清华大学、中国人民大学、哈尔滨工业大学、暨南大学、重庆大学和西安交通大学（如表 9 所示），其评价得分之和占所有高等院校评价得分之和的 38.9%，发表论文数量之和占战略管理论文总数的 31.5%；排第 11—20 位的分别是上海财经大学、西南财经大学、东南大学、南京大学、武汉大学、南京审计学院、重庆邮电大学、山西大学、厦门大学和山东大学，其评价得分之和占所有高等院校评价得分之和的 21.3%，发表论文数量之和占战略管理论文总数的 17.4%。由此可见，2012 年中国高等院校战略管理研究力量集中度较高，排前 20 位的高等院校评价得分之和占所有高等院校评价得分之和的 60.2%，发表论文数量之和占战略管理论文总数的 48.9%。

2013 年，中国高等院校战略管理研究力排前 10 位的分别是南开大学、电子科技大学、大连理工大学、中国人民大学、浙江工商大学、重庆大学、西安交通大学、复旦大学、中山大学和东南大学（如表 10 所示），其评价得分之和占所有高等院校评价得分之和的 31.6%，发表论文数量之和占战略管理论文总数的 31%，集中度与 2012 年基本相同；排第 11—20 位的分别是合肥工业大学、吉林大学、北京交通大学、中国科学技术大学、中南财经政法大学、湖南大学、上海大学、哈尔滨工程大学、北京工商大学和长沙理工大学，其评价得分之和占所有高等院校评价得分之和的 18.9%，发表论文数量之和占战略管理论文总数的 15.7%，集中度较 2012 年均有所下降。综合来看，2013 年中国高等院校战略管理研究力排前 20 位的高等院校评价得分之和占所有高等院校评价得分之和的 50.5%，较 2012 年下降了 9.7 个百分点，发表论文数量之和占战略管理论文总数的 46.7%，较 2012 年下降了 2.2 个百分点，但研究力量集中度依然较高。

从排名的变化情况来看，2012 年战略管理研究力排前 20 位的高等院校中，只有南开大学、电子科技大学、中国人民大学、重庆大学、西安交通大学和东南大学 6 所高等院校保持在 2013 年排名的前 20 位中，其余的 14 所都是后来居上，大连理工大学、哈尔滨工程大学和中国科学技术大学是进步最大的前三所，较 2012 年的位次分别提升了 92 位、51 位和 34 位，浙江工商大学、复旦大学、中山大学、合肥工业大学、吉林大学、北京交通大学、中南财经政法大学、湖南大学、上海大学、北京工商大学和长沙理工大学的进步也较快，较 2012 年的位次均提升了 10 位以上。

表 9　　　2012 年中国高等院校战略管理研究力
指数及排名

单位	排名	论文数	评价得分	研究力指数
北京大学	1	9.15	0.5586	100.0
南开大学	2	7.75	0.4499	80.5
电子科技大学	3	7.10	0.3444	61.7
东北财经大学	4	4.85	0.3385	60.6
清华大学	5	4.65	0.3214	57.5

续表

单位	排名	论文数	评价得分	研究力指数
中国人民大学	6	4.20	0.3020	54.1
哈尔滨工业大学	7	3.90	0.2950	52.8
暨南大学	8	3.35	0.2713	48.6
重庆大学	9	6.90	0.2610	46.7
西安交通大学	10	4.12	0.2560	45.8
上海财经大学	11	5.35	0.2542	45.5
西南财经大学	12	3.50	0.2245	40.2
东南大学	13	4.08	0.2193	39.3
南京大学	14	3.40	0.1918	34.3
武汉大学	15	3.76	0.1731	31.0
南京审计学院	16	2.78	0.1678	30.0
重庆邮电大学	17	1.00	0.1590	28.5
山西大学	18	1.00	0.1590	28.5
厦门大学	19	2.00	0.1580	28.3
山东大学	20	4.00	0.1491	26.7
华中科技大学	21	2.93	0.1448	25.9
中央财经大学	22	3.00	0.1420	25.4
同济大学	23	2.85	0.1317	23.6
浙江工商大学	24	4.85	0.1295	23.2
北京交通大学	25	2.00	0.1250	22.4
中山大学	26	2.70	0.1133	20.3
吉林大学	27	2.00	0.1090	19.5
华南理工大学	28	3.70	0.1076	19.3
中国地质大学	29	1.80	0.1012	18.1

续表

单位	排名	论文数	评价得分	研究力指数
浙江万里学院	30	1.00	0.0830	14.9
长沙理工大学	31	1.05	0.0830	14.9
上海大学	32	1.30	0.0829	14.8
南京航空航天大学	33	3.30	0.0790	14.1
西南交通大学	34	1.70	0.0790	14.1
合肥工业大学	35	3.30	0.0777	13.9
浙江大学	36	2.25	0.0748	13.4
上海交通大学	37	1.85	0.0737	13.2
中国社会科学院	38	1.95	0.0728	13.0
浙江财经大学	39	2.00	0.0720	12.9
中南财经政法大学	40	1.20	0.0634	11.4
复旦大学	41	1.00	0.0595	10.7
湖南大学	42	1.50	0.0575	10.3
安徽大学	43	1.00	0.0550	9.8
中国海洋大学	44	1.00	0.0550	9.8
首都经济贸易大学	45	0.50	0.0515	9.2
河海大学	46	0.50	0.0515	9.2
中国科学院	47	1.40	0.0511	9.1
中国科学技术大学	48	2.30	0.0496	8.9
南京财经大学	49	0.70	0.0490	8.8
中南大学	50	0.55	0.0457	8.2
广西大学	51	1.15	0.0449	8.0
青岛大学	52	2.00	0.0440	7.9
西安理工大学	53	2.00	0.0390	7.0

续表

单位	排名	论文数	评价得分	研究力指数
华侨大学	54	0.70	0.0385	6.9
福州大学	55	1.35	0.0357	6.4
北京航空航天大学	56	0.60	0.0327	5.9
浙江工业大学	57	1.20	0.0324	5.8
北京工业大学	58	1.00	0.0300	5.4
重庆交通大学	59	1.00	0.0300	5.4
东北大学	60	1.00	0.0300	5.4
大连交通大学	61	1.00	0.0300	5.4
西华大学	62	1.00	0.0300	5.4
四川大学	63	0.30	0.0297	5.3
安徽财经大学	64	0.35	0.0291	5.2
湖南师范大学	65	0.35	0.0291	5.2
三峡大学	66	0.50	0.0275	4.9
烟台大学	67	0.70	0.0273	4.9
南京信息工程大学	68	0.70	0.0273	4.9
哈尔滨工程大学	69	1.00	0.0260	4.7
河南科技大学	70	1.00	0.0260	4.7
对外经济贸易大学	71	0.45	0.0248	4.4
杭州电子科技大学	72	1.00	0.0220	3.9
昆明理工大学	73	1.00	0.0220	3.9
郑州大学	74	1.00	0.0220	3.9
中国计量学院	75	0.70	0.0210	3.8
西安电子科技大学	76	0.80	0.0208	3.7
上海海事大学	77	1.00	0.0170	3.0

续表

单位	排名	论文数	评价得分	研究力指数
河南财经政法大学	78	1.00	0.0170	3.0
吉林财经大学	79	1.00	0.0170	3.0
南京理工大学	80	1.00	0.0170	3.0
深圳大学	81	1.00	0.0170	3.0
湖南中医药大学	82	0.30	0.0165	3.0
西南科技大学	83	0.70	0.0154	2.8
安徽师范大学	84	0.70	0.0154	2.8
山东财经大学	85	0.35	0.0137	2.4
湖南商学院	86	0.10	0.0083	1.5
怀化学院	87	0.10	0.0083	1.5
南京师范大学	88	0.15	0.0083	1.5
南京农业大学	89	0.15	0.0083	1.5
山东理工大学	90	0.30	0.0078	1.4
中国农业大学	91	0.35	0.0060	1.1
重庆师范大学	92	0.35	0.0060	1.1
武汉工程大学	93	0.08	0.0053	0.9
北京联合大学	94	0.30	0.0051	0.9
大连理工大学	95	0.30	0.0051	0.9
重庆理工大学	96	0.15	0.0045	0.8
天津大学	97	0.15	0.0033	0.6
广东工业大学	98	0.15	0.0026	0.5
上海政法学院	99	0.15	0.0026	0.5
成都中医药大学	100	0.10	0.0022	0.4

表 10 **2013 年中国高等院校战略管理研究力**
指数及排名

单位	2013 年排名	2012 年排名	论文数	评价得分	研究力指数
南开大学	1	2	7.28	0.3076	100.0
电子科技大学	2	3	4.20	0.2690	87.5
大连理工大学	3	95	5.85	0.2687	87.4
中国人民大学	4	6	4.15	0.2592	84.3
浙江工商大学	5	24	4.65	0.1864	60.6
重庆大学	6	9	4.13	0.1860	60.5
西安交通大学	7	10	5.35	0.1859	60.4
复旦大学	8	41	4.25	0.1831	59.5
中山大学	9	26	5.00	0.1783	58.0
东南大学	10	13	3.85	0.1781	57.9
合肥工业大学	11	35	2.68	0.1697	55.2
吉林大学	12	27	3.15	0.1628	52.9
北京交通大学	13	25	2.00	0.1360	44.2
中国科学技术大学	14	48	2.80	0.1352	44.0
中南财经政法大学	15	40	2.85	0.1300	42.3
湖南大学	16	42	2.10	0.1197	38.9
上海大学	17	32	1.80	0.1188	38.6
哈尔滨工程大学	18	69	4.00	0.1160	37.7
北京工商大学	19	—	1.50	0.1155	37.6
长沙理工大学	20	31	1.70	0.1129	36.7
东北财经大学	21	4	2.43	0.1127	36.6

续表

单位	2013 年排名	2012 年排名	论文数	评价得分	研究力指数
厦门大学	22	19	2.00	0.1100	35.8
南京大学	23	14	2.38	0.1086	35.3
北京航空航天大学	24	56	1.80	0.1042	33.9
四川大学	25	63	3.00	0.1030	33.5
西南财经大学	26	12	1.85	0.0981	31.9
东北大学	27	60	1.90	0.0883	28.7
清华大学	28	5	1.43	0.0819	26.6
上海财经大学	29	11	1.80	0.0808	26.3
福州大学	30	55	1.35	0.0797	25.9
同济大学	31	23	2.00	0.0780	25.4
重庆师范大学	32	92	1.65	0.0773	25.1
华中科技大学	33	21	1.30	0.0716	23.3
中国地质大学	34	29	2.00	0.0710	23.1
华东理工大学	35	—	2.70	0.0709	23.1
天津大学	36	97	1.65	0.0695	22.6
南京航空航天大学	37	33	1.15	0.0679	22.1
北京大学	38	1	1.93	0.0676	22.0
武汉理工大学	39	—	2.70	0.0674	21.9
暨南大学	40	8	1.65	0.0648	21.1
武汉大学	41	15	2.00	0.0645	21.0
中央财经大学	42	22	0.95	0.0625	20.3
中南大学	43	50	1.00	0.0590	19.2

续表

单位	2013 年排名	2012 年排名	论文数	评价得分	研究力指数
北京理工大学	44	—	1.00	0.0590	19.2
江南大学	45	—	1.00	0.0590	19.2
上海对外经贸大学	46	—	1.00	0.0590	19.2
上海立信会计学院	47	—	1.00	0.0590	19.2
河南农业大学	48	—	1.00	0.0590	19.2
中国社会科学院	49	38	1.30	0.0587	19.1
中央民族大学	50	—	1.00	0.0530	17.2
对外经济贸易大学	51	—	0.70	0.0511	16.6
西北工业大学	52	—	0.70	0.0511	16.6
中国矿业大学	53	—	0.85	0.0502	16.3
浙江工业大学	54	57	1.50	0.0500	16.3
上海交通大学	55	37	1.90	0.0467	15.2
华南理工大学	56	28	1.00	0.0420	13.7
湘潭大学	57	—	1.00	0.0420	13.7
北方工业大学	58	—	0.70	0.0413	13.4
南京信息工程大学	59	68	0.70	0.0399	13.0
山东师范大学	60	—	0.65	0.0384	12.5
安徽财经大学	61	64	0.70	0.0371	12.1
浙江师范大学	62	—	0.70	0.0371	12.1
哈尔滨工业大学	63	7	1.55	0.0360	11.7
北京第二外国语学院	64	—	0.85	0.0357	11.6
兰州大学	65	—	0.58	0.0339	11.0

续表

单位	2013 年排名	2012 年排名	论文数	评价得分	研究力指数
山东财经大学	66	85	1.35	0.0332	10.8
江苏大学	67	—	1.15	0.0319	10.4
华东交通大学	68	—	0.50	0.0295	9.6
山东大学	69	20	1.90	0.0280	9.1
军事交通学院	70	—	0.35	0.0256	8.3
浙江大学	71	36	1.25	0.0238	7.7
常州工学院	72	—	1.00	0.0220	7.2
内蒙古工业大学	73	—	1.00	0.0220	7.2
广东外语外贸大学	74	—	0.70	0.0217	7.1
山西财经大学	75	—	0.85	0.0213	6.9
温州大学	76	—	0.50	0.0210	6.8
广西大学	77	51	0.70	0.0203	6.6
重庆工商大学	78	—	0.35	0.0200	6.5
青岛理工大学	79	—	0.35	0.0186	6.0
河北科技大学	80	—	0.30	0.0177	5.8
广东科学技术职业学院	81	—	0.85	0.0162	5.3
华侨大学	82	54	0.70	0.0133	4.3
苏州大学	83	—	0.70	0.0133	4.3
杭州电子科技大学	84	72	0.70	0.0133	4.3
北京外国语大学	85	—	0.70	0.0133	4.3
华北水利水电大学	86	—	0.30	0.0126	4.1
广东财经大学	87	—	1.00	0.0120	3.9

续表

单位	2013年排名	2012年排名	论文数	评价得分	研究力指数
首都经济贸易大学	88	45	0.15	0.0116	3.8
东北林业大学	89	—	0.15	0.0116	3.8
上海工会管理职业学院	90	—	0.35	0.0102	3.3
青岛大学	91	52	0.15	0.0089	2.9
广州大学	92	—	0.15	0.0086	2.8
沈阳师范大学	93	—	0.15	0.0063	2.0
辽宁对外经贸学院	94	—	0.15	0.0063	2.0
江苏师范大学	95	—	0.10	0.0059	1.9
东北电力大学	96	—	0.10	0.0059	1.9
东华大学	97	—	0.30	0.0057	1.9
中国人民公安大学	98	—	0.30	0.0057	1.9
中国科学院	99	47	0.08	0.0043	1.4
重庆三峡职业学院	100	—	0.08	0.0043	1.4
北京林业大学	101	—	0.15	0.0029	0.9
南京农业大学	102	89	0.08	0.0022	0.7
中国计量学院	103	75	0.10	0.0019	0.6

（三）财务管理研究力指数与排名

根据中国高等院校财务管理研究力指数的测算结果，2012年共有60篇关于财务管理的研究文献，经计算得出其中有56.9篇来自国内各高等院校，占比为

94.8％；2013 年共有 45 篇关于财务管理的研究文献，经计算得出其中有 43.3 篇来自国内各高等院校，占比为 96.2％。这说明国内各高等院校是财务管理方面的主要研究力量。2012 年，关于财务管理的 60 篇文献，占 2012 年管理学研究文献总数 677 篇的 1/10 不到；2013 年，关于财务管理的 45 篇文献，同样占 2013 年管理学研究文献总数 585 篇的 1/10 不到。

2012 年，中国高等院校财务管理研究力排前 10 位的分别是西南财经大学、对外经济贸易大学、西安交通大学、中央财经大学、暨南大学、北京航空航天大学、复旦大学、东北财经大学、华中科技大学和北京工商大学（如表 11 所示），其评价得分之和占所有高等院校评价得分之和的 48.5％，发表论文数量之和占财务管理论文总数的 40.6％。排第 11—20 位的分别是南开大学、天津财经大学、山东财经大学、云南财经大学、广东外语外贸大学、上海立信会计学院、湖南大学、江西财经大学、武汉大学和中山大学，其评价得分之和占所有高等院校评价得分之和的 22.8％，发表论文数量之和占财务管理论文总数的 21.1％。由此可见，2012 年中国高等院校财务管理研究力量集中度较高，排前 20

位的高等院校评价得分之和占所有高等院校评价得分之和的 71.3%，发表论文数量之和占财务管理论文总数的 61.7%。

2013 年，中国高等院校财务管理研究力排前 10 位的分别是厦门大学、西南财经大学、南京大学、武汉大学、华中科技大学、哈尔滨工业大学、清华大学、中国人民大学、华南师范大学和中国海洋大学（如表 12 所示），其评价得分之和占所有高等院校评价得分之和的 58.8%，发表论文数量之和占财务管理论文总数的 53.2%，集中度较 2012 年均明显提升；排第 11—20 位的分别是江西财经大学、北京大学、西南交通大学、南开大学、中南财经政法大学、上海海事大学、北京理工大学、北京交通大学、上海交通大学和安徽大学，其评价得分之和占所有高等院校评价得分之和的 24.5%，发表论文数量之和占财务管理论文总数的 23.3%，集中度较 2012 年均有所提升。综合来看，2013 年在财务管理方面，排前 20 位的高等院校评价得分之和占所有高等院校评价得分之和的 83.3%，较 2012 年提升 12 个百分点，发表论文数量之和占论文总数的 76.5%，较 2012 年上升了 14.8 个百分点，这表明财务管理的研究力量集中度在提高。实际上，2012 年发表财务管理研究论文的高等院校仅有47 所，2013 年发表财务管理研究论文的高等院校仅有37 所，从中可以看出财务管理的研究集中度是较高的。

表 11　　　2012 年中国高等院校财务管理研究力
指数及排名

单位	排名	论文数	评价得分	研究力指数
西南财经大学	1	4.00	0.4080	100.0
对外经济贸易大学	2	2.55	0.2599	63.7
西安交通大学	3	2.43	0.2421	59.3
中央财经大学	4	2.70	0.2405	58.9
暨南大学	5	2.35	0.2327	57.0
北京航空航天大学	6	2.00	0.2060	50.5
复旦大学	7	2.30	0.2025	49.6
东北财经大学	8	2.35	0.1561	38.2
华中科技大学	9	1.30	0.1287	31.5
北京工商大学	10	1.15	0.1185	29.0
南开大学	11	2.00	0.1160	28.4
天津财经大学	12	1.00	0.1030	25.2
山东财经大学	13	1.00	0.1030	25.2
云南财经大学	14	1.00	0.1030	25.2
广东外语外贸大学	15	1.00	0.1030	25.2

续表

单位	排名	论文数	评价得分	研究力指数
上海立信会计学院	16	1.00	0.1030	25.2
湖南大学	17	1.00	0.1030	25.2
江西财经大学	18	2.00	0.1000	24.5
武汉大学	19	1.00	0.0990	24.3
中山大学	20	1.00	0.0990	24.3
东北大学	21	1.00	0.0990	24.3
安徽工业大学	22	1.00	0.0990	24.3
北京大学	23	1.80	0.0982	24.1
上海财经大学	24	2.50	0.0898	22.0
重庆大学	25	1.50	0.0815	20.0
厦门大学	26	0.50	0.0515	12.6
中国人民大学	27	0.50	0.0515	12.6
上海海事大学	28	0.50	0.0515	12.6
苏州大学	29	0.50	0.0515	12.6
南京理工大学	30	0.50	0.0515	12.6
南京审计学院	31	0.50	0.0515	12.6
上海大学	32	0.50	0.0515	12.6
江苏科技大学	33	0.50	0.0515	12.6
华北电力大学	34	0.50	0.0515	12.6
山东科技大学	35	0.50	0.0515	12.6
安徽大学	36	1.00	0.0390	9.6
中南财经政法大学	37	0.35	0.0347	8.5

续表

单位	排名	论文数	评价得分	研究力指数
广西科技大学	38	0.35	0.0347	8.5
九江学院	39	0.35	0.0347	8.5
四川大学	40	1.00	0.0300	7.4
合肥工业大学	41	1.00	0.0300	7.4
西南交通大学	42	1.00	0.0300	7.4
上海对外经贸大学	43	0.93	0.0219	5.4
南京大学	44	0.60	0.0180	4.4
中国社会科学院	45	1.00	0.0170	4.2
重庆工商大学	46	1.00	0.0170	4.2
南京工业大学	47	0.40	0.0120	2.9

表 12   2013 年中国高等院校财务管理研究力指数及排名

单位	2013 年排名	2012 年排名	论文数	评价得分	研究力指数
厦门大学	1	26	4.10	0.2507	100.0
西南财经大学	2	1	2.50	0.1925	76.8
南京大学	3	44	4.00	0.1918	76.5
武汉大学	4	19	2.20	0.1694	67.6
华中科技大学	5	9	2.00	0.1540	61.4
哈尔滨工业大学	6	—	2.00	0.1500	59.8
清华大学	7	—	2.00	0.1360	54.2

续表

单位	2013 年排名	2012 年排名	论文数	评价得分	研究力指数
中国人民大学	8	27	2. 20	0. 1244	49. 6
华南师范大学	9	—	1. 00	0. 0770	30. 7
中国海洋大学	10	—	1. 00	0. 0770	30. 7
江西财经大学	11	18	1. 00	0. 0770	30. 7
北京大学	12	23	0. 95	0. 0732	29. 2
西南交通大学	13	42	1. 00	0. 0730	29. 1
南开大学	14	11	1. 30	0. 0651	26. 0
中南财经政法大学	15	37	1. 00	0. 0590	23. 5
上海海事大学	16	28	1. 00	0. 0590	23. 5
北京理工大学	17	—	1. 00	0. 0590	23. 5
北京交通大学	18	—	1. 00	0. 0590	23. 5
上海交通大学	19	—	1. 15	0. 0574	22. 9
安徽大学	20	36	0. 70	0. 0511	20. 4
山东财经大学	21	13	0. 65	0. 0501	20. 0
北京航空航天大学	22	6	0. 85	0. 0485	19. 3
台州职业技术学院	23	—	1. 00	0. 0420	16. 8
华南理工大学	24	—	0. 50	0. 0385	15. 4
中山大学	25	20	0. 50	0. 0385	15. 4
湖南大学	26	17	0. 50	0. 0385	15. 4
重庆大学	27	25	1. 00	0. 0290	11. 6
上海财经大学	28	24	0. 33	0. 0257	10. 2

续表

单位	2013 年排名	2012 年排名	论文数	评价得分	研究力指数
华东理工大学	29	—	0.33	0.0257	10.2
天津科技大学	30	—	1.00	0.0220	8.8
内蒙古大学	31	—	0.70	0.0154	6.1
北京邮电大学	32	—	1.00	0.0120	4.8
四川大学	33	40	0.50	0.0110	4.4
西南政法大学	34	—	0.50	0.0110	4.4
太原科技大学	35	—	0.35	0.0102	4.0
中央财经大学	36	4	0.15	0.0089	3.5
对外经济贸易大学	37	2	0.30	0.0066	2.6

（四）市场营销管理研究力指数与排名

根据中国高等院校市场营销管理研究力指数的测算结果，2012 年共有 74 篇关于市场营销管理的文献，经计算得出其中有 71.8 篇来自国内各高等院校，占比为 97%，说明国内各高等院校是市场营销管理方面的主要研究力量。关于市场营销管理的 74 篇文献，占 2012 年管理学研究文献总数 677 篇的 1/10 稍强。2012 年，中国高等院校市场营销管理研究力排前 10 位的分别是南开大学、中山大学、武汉大学、上海财经大学、清华大学、北京大学、华中科技大学、中国人民大学、东北师范大学和西安交通大学（如表13所示），其评价得分之和占进行市场营销管理研究的55所高等院校评价得分之和的60.2%，其发表论文数量之和占市场营销管理研究论文数71.8篇的48.3%。2013年，中国高等院校市场营销管理研究力排前10位的分别是西安交通大学、中央财经大学、南开大学、中国人民大学、中山大学、四川大学、山东大学、清华大学、中南财经政法大学和上海财经大学（如表14所示），它们的评价得分之和占所有高等院校评价得分之和的41.5%，发表论文数量之和占市场营销管理研究论文总数的41.6%，集中度较2012年有所下降。

表13　2012年中国高等院校市场营销管理研究力指数及排名

单位	排名	论文数	评价得分	研究力指数
南开大学	1	8.33	0.5029	100.0
中山大学	2	5.50	0.4845	96.3
武汉大学	3	4.93	0.3069	61.0
上海财经大学	4	5.50	0.2601	51.7
清华大学	5	2.15	0.1846	36.7

续表

单位	排名	论文数	评价得分	研究力指数
北京大学	6	1.50	0.1254	24.9
华中科技大学	7	1.85	0.1175	23.4
中国人民大学	8	2.45	0.1019	20.3
东北师范大学	9	1.00	0.0990	19.7
西安交通大学	10	1.50	0.0870	17.3
东北大学	11	0.85	0.0842	16.7
华东师范大学	12	0.85	0.0842	16.7
首都经济贸易大学	13	1.00	0.0830	16.5
辽宁工程技术大学	14	1.00	0.0830	16.5
福州大学	15	2.00	0.0800	15.9
天津理工大学	16	0.78	0.0767	15.3
厦门大学	17	2.00	0.0758	15.1
中国科学技术大学	18	1.85	0.0725	14.4
哈尔滨工业大学	19	1.00	0.0700	13.9
对外经济贸易大学	20	1.00	0.0671	13.3
四川师范大学	21	0.70	0.0581	11.6
四川大学	22	2.00	0.0520	10.3
西北工业大学	23	1.00	0.0390	7.8
安徽大学	24	1.00	0.0390	7.8
东北财经大学	25	1.35	0.0373	7.4
浙江万里学院	26	0.93	0.0361	7.2
重庆工商大学	27	0.35	0.0347	6.9

续表

单位	排名	论文数	评价得分	研究力指数
西南交通大学	28	0.35	0.0347	6.9
北京工业大学	29	1.00	0.0300	6.0
大连理工大学	30	1.00	0.0220	4.4
中国地质大学	31	1.00	0.0220	4.4
重庆交通大学	32	1.00	0.0220	4.4
同济大学	33	1.00	0.0220	4.4
中国科学院	34	1.00	0.0220	4.4
北京物资学院	35	1.00	0.0220	4.4
武汉科技大学	36	1.00	0.0220	4.4
南京工业大学	37	0.70	0.0210	4.2
华侨大学	38	0.30	0.0174	3.5
暨南大学	39	1.00	0.0170	3.4
上海应用技术学院	40	1.00	0.0170	3.4
中南大学	41	1.00	0.0170	3.4
复旦大学	42	1.00	0.0170	3.4
云南大学	43	1.00	0.0170	3.4
西南科技大学	44	0.70	0.0154	3.1
合肥工业大学	45	0.15	0.0125	2.5
西南财经大学	46	0.70	0.0119	2.4
武汉工程大学	47	0.15	0.0105	2.1
西安财经学院	48	0.15	0.0087	1.7
河南财经政法大学	49	0.35	0.0060	1.2

续表

单位	排名	论文数	评价得分	研究力指数
天津财经大学	50	0.30	0.0051	1.0
电子科技大学	51	0.20	0.0044	0.9
华东交通大学	52	0.08	0.0041	0.8
中国社会科学院	53	0.08	0.0029	0.6
重庆大学	54	0.15	0.0026	0.5
成都中医药大学	55	0.10	0.0022	0.4

表 14　2013 年中国高等院校市场营销管理研究力指数及排名

单位	2013 年排名	2012 年排名	论文数	评价得分	研究力指数
西安交通大学	1	10	2.70	0.1959	100.0
中央财经大学	2	—	3.25	0.1899	97.0
南开大学	3	1	4.00	0.1880	96.0
中国人民大学	4	8	2.75	0.1287	65.7
中山大学	5	2	3.60	0.1240	63.3
四川大学	6	22	1.80	0.1206	61.6
山东大学	7	—	3.30	0.1197	61.1
清华大学	8	5	1.70	0.1105	56.4
中南财经政法大学	9	—	1.55	0.0896	45.7
上海财经大学	10	4	2.15	0.0797	40.7
吉林大学	11	—	1.00	0.0770	39.3

续表

单位	2013年排名	2012年排名	论文数	评价得分	研究力指数
浙江工业大学	12	—	1.00	0.0770	39.3
广西大学	13	—	1.00	0.0770	39.3
北京大学	14	6	1.30	0.0767	39.2
西南交通大学	15	28	1.80	0.0756	38.6
武汉大学	16	3	1.93	0.0734	37.5
暨南大学	17	39	1.15	0.0679	34.6
东北财经大学	18	25	1.40	0.0665	34.0
西南财经大学	19	46	1.10	0.0606	30.9
北京邮电大学	20	—	1.00	0.0590	30.1
南京工业大学	21	37	1.00	0.0590	30.1
电子科技大学	22	51	1.00	0.0590	30.1
浙江大学	23	—	2.00	0.0580	29.6
合肥工业大学	24	45	0.93	0.0546	27.9
三峡大学	25	—	0.90	0.0531	27.1
天津财经大学	26	50	1.00	0.0530	27.1
华中科技大学	27	7	0.85	0.0502	25.6
南京理工大学	28	—	0.85	0.0502	25.6
福州大学	29	15	0.65	0.0501	25.6
辽宁工程技术大学	30	14	1.00	0.0420	21.4
天津工业大学	31	—	0.70	0.0413	21.1
济南大学	32	—	0.70	0.0413	21.1

续表

单位	2013 年排名	2012 年排名	论文数	评价得分	研究力指数
华侨大学	33	38	1.70	0.0394	20.1
浙江工商大学	34	—	0.70	0.0371	18.9
南京财经大学	35	—	0.70	0.0371	18.9
北方工业大学	36	—	0.70	0.0371	18.9
深圳大学	37	—	1.00	0.0310	15.8
中国科学技术大学	38	18	0.50	0.0295	15.1
南通大学	39	—	0.50	0.0295	15.1
五邑大学	40	—	0.50	0.0295	15.1
广东财经大学	41	—	0.70	0.0294	15.0
北京师范大学	42	—	0.70	0.0294	15.0
复旦大学	43	42	0.35	0.0270	13.8
南京大学	44	—	0.45	0.0248	12.6
同济大学	45	33	0.30	0.0231	11.8
中南大学	46	41	1.00	0.0190	9.7
重庆大学	47	54	0.25	0.0145	7.4
北京航空航天大学	48	—	0.30	0.0126	6.4
安徽财经大学	49	—	1.00	0.0120	6.1
西北工业大学	50	23	0.15	0.0116	5.9
中欧国际工商学院	51	—	0.15	0.0116	5.9
中国石油大学	52	—	0.15	0.0116	5.9
信阳师范学院	53	—	0.35	0.0109	5.5

续表

单位	2013 年排名	2012 年排名	论文数	评价得分	研究力指数
安徽大学	54	24	0.15	0.0089	4.5
天津大学	55	—	0.15	0.0089	4.5
郑州大学	56	—	0.15	0.0086	4.4
中国社会科学院	57	53	0.15	0.0080	4.1
上海对外经贸大学	58	—	0.15	0.0080	4.1
江西财经大学	59	—	0.15	0.0080	4.1
成都理工大学	60	—	0.10	0.0077	3.9
西南民族大学	61	—	0.10	0.0077	3.9
华中师范大学	62	—	0.15	0.0047	2.4

（五）创新管理研究力指数与排名

根据中国高等院校创新管理研究力指数的测算结果，2012 年共有 104 篇关于创新管理的文献，其中有 97.6 篇来自国内各高等院校，占比为 93.8%；2013 年共有 107 篇关于创新管理的研究文献，其中有 102.5 篇来自国内各高等院校，占比为 95.8%。2012 年关于创新管理的 104 篇文献，占 2012 年管理学研究文献总数 677 篇的 15.4%；2013 年关于创新管理的 107 篇文献，占 2013 年管理学研究文献总数 585 篇的 18.3%。与工

商管理的其他子学科相比，发文数量仅次于战略管理和
人力资源管理，也是工商管理研究的较热领域。2012
年，中国高等院校创新管理研究力排前 10 位的分别是
大连理工大学、南开大学、东北财经大学、华中科技大
学、吉林大学、山西大学、浙江大学、清华大学、南京
大学和中南大学（如表 15 所示），其评价得分之和占
所有高等院校评价得分之和的 41.8%，发表论文数量
之和占创新管理研究论文总数的 33.4%；排第 11—20
位的分别是中国科学技术大学、厦门大学、重庆大学、
同济大学、西北工业大学、中央财经大学、北京航空航
天大学、武汉理工大学、河南财经政法大学和中山大
学，其评价得分之和占所有高等院校评价得分之和的
23.2%，发表论文数量之和占创新管理研究论文总数
的 23.1%。综合来看，创新管理研究力排前 20 位的高
等院校评价得分之和占所有高等院校评价得分之和的
65%，发表论文数量之和占创新管理研究论文总数
的 56.5%。

2013 年，中国高等院校创新管理研究力排前 10 位
的分别是浙江大学、吉林大学、南开大学、武汉大学、
哈尔滨工程大学、复旦大学、华中科技大学、天津大

学、中南大学和天津工业大学（如表 16 所示），其评价得分之和占所有高等院校评价得分之和的 42.8%，发表论文数量之和占创新管理研究论文总数的 39.7%；排第 11—20 位的分别是山东大学、东北大学、暨南大学、上海大学、哈尔滨工业大学、北京工商大学、西安理工大学、大连理工大学、中国人民大学和清华大学，其评价得分之和占所有高等院校评价得分之和的 21%，发表论文数量之和占创新管理研究论文总数的 14.2%。综合来看，2013 年创新管理研究力排前 20 位的高等院校评价得分之和占所有高等院校评价得分之和的 63.8%，较 2012 年下降 1.2 个百分点；发表论文数量之和占创新管理研究论文总数的 53.9%，较 2012 年下降了 2.6 个百分点。

从排名的变化情况来看，2012 年创新管理研究力排前 20 位的高等院校中，只有浙江大学、吉林大学、南开大学、华中科技大学、中南大学、大连理工大学和清华大学 7 所高等院校保持在 2013 年排名的前 20 位中。

表15　　　2012 年中国高等院校创新管理研究力
指数及排名

单位	排名	论文数	评价得分	研究力指数
大连理工大学	1	4.30	0.2358	100.0
南开大学	2	3.60	0.2153	91.3
东北财经大学	3	3.50	0.1980	84.0
华中科技大学	4	2.85	0.1883	79.8
吉林大学	5	4.70	0.1770	75.1
山西大学	6	1.00	0.1590	67.4
浙江大学	7	4.30	0.1420	60.2
清华大学	8	2.45	0.1373	58.2
南京大学	9	4.00	0.1280	54.3
中南大学	10	1.85	0.1245	52.8
中国科学技术大学	11	4.00	0.1170	49.6
厦门大学	12	2.00	0.1160	49.2
重庆大学	13	1.85	0.1012	42.9
同济大学	14	2.70	0.1010	42.8
西北工业大学	15	2.00	0.0970	41.1
中央财经大学	16	2.20	0.0925	39.2
北京航空航天大学	17	1.70	0.0841	35.7
武汉理工大学	18	3.00	0.0820	34.8
河南财经政法大学	19	2.25	0.0818	34.7
中山大学	20	0.85	0.0752	31.9
中国人民大学	21	0.85	0.0706	29.9

续表

单位	排名	论文数	评价得分	研究力指数
四川大学	22	2.15	0.0645	27.4
哈尔滨工程大学	23	2.00	0.0600	25.4
南京师范大学	24	1.00	0.0550	23.3
武汉大学	25	0.85	0.0493	20.9
东北大学	26	0.85	0.0493	20.9
华南理工大学	27	1.00	0.0390	16.5
浙江工业大学	28	1.50	0.0390	16.5
南昌航空大学	29	0.70	0.0385	16.3
北京林业大学	30	1.25	0.0371	15.7
暨南大学	31	0.85	0.0332	14.1
南京航空航天大学	32	1.10	0.0330	14.0
南京工业大学	33	1.00	0.0300	12.7
郑州航空工业管理学院	34	1.00	0.0300	12.7
浙江理工大学	35	1.00	0.0300	12.7
上海交通大学	36	1.00	0.0300	12.7
山东建筑大学	37	1.00	0.0300	12.7
沈阳大学	38	1.00	0.0300	12.7
山西财经大学	39	1.00	0.0300	12.7
东北石油大学	40	0.95	0.0285	12.1
广东外语外贸大学	41	0.80	0.0281	11.9
山东财经大学	42	1.35	0.0275	11.7
湖北经济学院	43	0.70	0.0273	11.6

单位	排名	论文数	评价得分	研究力指数
东南大学	44	1.00	0.0260	11.0
西安交通大学	45	1.00	0.0260	11.0
北京工业大学	46	1.00	0.0260	11.0
上海财经大学	47	0.25	0.0258	10.9
内蒙古工业大学	48	0.85	0.0255	10.8
合肥工业大学	49	0.30	0.0249	10.6
北京理工大学	50	1.00	0.0220	9.3
浙江师范大学	51	0.70	0.0210	8.9
上海大学	52	0.70	0.0210	8.9
内蒙古电子信息职业技术学院	53	0.70	0.0210	8.9
黑龙江大学	54	0.70	0.0210	8.9
中央民族大学	55	0.70	0.0210	8.9
鲁东大学	56	0.70	0.0182	7.7
中国社会科学院	57	1.00	0.0170	7.2
福州大学	58	1.00	0.0170	7.2
江西财经大学	59	0.30	0.0165	7.0
安徽工业大学	60	0.55	0.0165	7.0
天津大学	61	0.50	0.0150	6.4
大连大学	62	0.50	0.0150	6.4
重庆邮电大学	63	0.15	0.0149	6.3
对外经济贸易大学	64	0.15	0.0125	5.3
延边大学	65	0.70	0.0119	5.0

续表

单位	排名	论文数	评价得分	研究力指数
南京审计学院	66	0.35	0.0105	4.5
内蒙古财经大学	67	0.35	0.0105	4.5
上海对外经贸大学	68	0.30	0.0090	3.8
杭州师范大学	69	0.30	0.0090	3.8
华北水利水电大学	70	0.30	0.0090	3.8
燕山大学	71	0.15	0.0087	3.7
中原工学院	72	0.15	0.0087	3.7
沈阳化工大学	73	0.15	0.0087	3.7
华东理工大学	74	0.30	0.0078	3.3
河海大学	75	0.30	0.0066	2.8
南京财经大学	76	0.15	0.0045	1.9
成都中医药大学	77	0.15	0.0045	1.9
杭州电子科技大学	78	0.15	0.0045	1.9
哈尔滨工业大学	79	0.05	0.0015	0.6

表 16　　　2013 年中国高等院校创新管理研究力
指数及排名

单位	2013 年排名	2012 年排名	论文数	评价得分	研究力指数
浙江大学	1	7	10.30	0.2813	100.0
吉林大学	2	5	7.00	0.2090	74.3
南开大学	3	2	4.10	0.2089	74.3

续表

单位	2013 年排名	2012 年排名	论文数	评价得分	研究力指数
武汉大学	4	25	4.30	0.1847	65.7
哈尔滨工程大学	5	23	4.70	0.1284	45.6
复旦大学	6	—	2.00	0.1120	39.8
华中科技大学	7	4	1.85	0.1092	38.8
天津大学	8	61	3.30	0.1066	37.9
中南大学	9	10	1.30	0.0947	33.7
天津工业大学	10	—	1.70	0.0924	32.8
山东大学	11	—	2.00	0.0840	29.9
东北大学	12	26	1.55	0.0775	27.5
暨南大学	13	31	1.00	0.0770	27.4
上海大学	14	52	1.00	0.0770	27.4
哈尔滨工业大学	15	79	1.93	0.0768	27.3
北京工商大学	16	—	1.00	0.0730	26.0
西安理工大学	17	—	1.00	0.0730	26.0
大连理工大学	18	1	1.00	0.0730	26.0
中国人民大学	19	21	2.70	0.0694	24.7
清华大学	20	8	1.30	0.0682	24.2
重庆大学	21	13	0.85	0.0655	23.3
武汉理工大学	22	18	3.00	0.0630	22.4
内蒙古工业大学	23	48	2.70	0.0594	21.1
北京理工大学	24	50	1.00	0.0590	21.0

续表

单位	2013 年排名	2012 年排名	论文数	评价得分	研究力指数
上海财经大学	25	47	0.90	0.0531	18.9
西安交通大学	26	45	3.30	0.0523	18.6
对外经济贸易大学	27	64	1.55	0.0490	17.4
南京信息工程大学	28	—	2.15	0.0460	16.3
东南大学	29	44	0.85	0.0451	16.0
西华大学	30	—	1.00	0.0420	14.9
东北财经大学	31	3	0.70	0.0413	14.7
湖南师范大学	32	—	0.70	0.0413	14.7
同济大学	33	14	1.90	0.0361	12.8
北京邮电大学	34	—	0.85	0.0357	12.7
河海大学	35	75	1.15	0.0319	11.3
汕头大学	36	—	1.00	0.0310	11.0
中国科学院	37	—	1.80	0.0297	10.5
浙江外国语学院	38	—	0.70	0.0294	10.5
宁波大学	39	—	0.85	0.0264	9.4
华南师范大学	40	—	0.85	0.0247	8.8
南京大学	41	9	1.85	0.0222	7.9
四川大学	42	22	1.00	0.0220	7.8
中国海洋大学	43	—	1.00	0.0220	7.8
北方民族大学	44	—	1.00	0.0220	7.8
河南大学	45	—	1.00	0.0220	7.8

续表

单位	2013 年排名	2012 年排名	论文数	评价得分	研究力指数
黑龙江大学	46	54	1.00	0.0220	7.8
西北工业大学	47	15	0.70	0.0217	7.7
齐齐哈尔大学	48	—	0.93	0.0204	7.2
西安电子科技大学	49	—	1.00	0.0190	6.8
中南财经政法大学	50	—	1.30	0.0186	6.6
大连财经学院	51	—	0.30	0.0177	6.3
天津理工大学	52	—	0.90	0.0171	6.1
浙江工业大学	53	28	0.55	0.0160	5.7
北京大学	54	—	0.45	0.0159	5.7
山东财经大学	55	42	0.35	0.0147	5.2
中南民族大学	56	—	0.70	0.0133	4.7
广州工商职业技术学院	57	—	0.70	0.0133	4.7
浙江理工大学	58	35	0.30	0.0126	4.5
华南理工大学	59	27	1.00	0.0120	4.3
北京工业大学	60	46	1.00	0.0120	4.3
重庆第二师范学院	61	—	0.15	0.0116	4.1
沈阳化工大学	62	73	0.15	0.0110	3.9
黄冈师范学院	63	—	0.15	0.0089	3.1
浙江师范大学	64	51	0.30	0.0066	2.3
浙江工商大学	65	—	0.15	0.0063	2.2
华东理工大学	66	74	0.10	0.0059	2.1

续表

单位	2013 年排名	2012 年排名	论文数	评价得分	研究力指数
广西师范大学	67	—	0.30	0.0057	2.0
华侨大学	68	—	0.15	0.0047	1.7
中山大学	69	20	0.15	0.0044	1.5
安徽大学	70	—	0.35	0.0042	1.5
景德镇陶瓷学院	71	—	0.10	0.0019	0.7
上海交通大学	72	36	0.15	0.0018	0.6

（六）组织管理研究力指数与排名

根据中国高等院校组织管理研究力指数的测算结果，2012 年共有 106 篇关于组织管理的文献，其中有 102.3 篇来自国内各高等院校，占比为 96.5%；2013 年共有 76 篇关于组织管理的研究文献，其中有 74.1 篇来自国内各高等院校，占比为 97.5%。2012 年关于组织管理的 106 篇文献，占 2012 年管理学研究文献总数 677 篇的 15.7%；2013 年关于组织管理的 76 篇文献，占 2013 年管理学研究文献总数 585 篇的 13%。与工商管理的其他子学科相比，发文数量仅次于战略管理、人力资源管理和创新管理，也是工商管理研究的较热领域。2012 年，中国高等院校组织管理研究力排前 10 位的分别是南京大学、中国人民大学、重庆大学、对外经济贸易大学、中山大学、复旦大学、南开大学、华中科技大学、武汉大学和清华大学（如表 17 所示），其评价得分之和占所有高等院校评价得分之和的 44.1%，发表论文数量之和占组织管理研究论文总数的 36.8%；排第 11—20 位的分别是中央财经大学、电子科技大学、中南财经政法大学、北京大学、上海财经大学、江苏大学、山东大学、南京财经大学、大连理工大学和哈尔滨工业大学，其评价得分之和占所有高等院校评价得分之和的 21.2%，发表论文数量之和占组织管理研究论文总数的 18.6%。综合来看，排前 20 位的高等院校评价得分之和占所有高等院校评价得分之和的 65.3%，发表论文数量之和占组织管理研究论文总数的 55.4%。

2013 年，中国高等院校组织管理研究力排前 10 位的分别是东北财经大学、南开大学、暨南大学、厦门大学、上海财经大学、中山大学、浙江工商大学、重庆大学、北京大学和天津大学（如表 18 所示），其评价得分之和占所有高等院校评价得分之和的 45.7%，发表论文数量之和占组织管理研究论文总数的 42.1%，集中度与 2012 年相比均有所上升；排第 11—20 位的分别是浙江财经大学、西安交通大学、重庆理工大学、浙江大学、电子科技大学、对外经济贸易大学、大连理工大学、华中科技大学、中国社会科学院和辽宁大学，其评价得分之和占所有高等院校评价得分之和的 22.5%，发表论文数量之和占组织管理研究论文总数的 21.3%，集中度较 2012 年均有所上升。综合来看，2013 年，进行组织管理研究的高等院校中，前 20 位的评价得分之和占所有高等院校评价得分之和的 68.2%，较 2012 年上升了 2.9 个百分点；发表论文数量之和占组织管理研究论文总数的 63.4%，较 2012 年提升了 8 个百分点。

从排名的变化情况来看，2012 年组织管理研究力排前 20 位的高等院校中，只有重庆大学、对外经济贸易大学、中山大学、南开大学、华中科技大学、电子科技大学、北京大学、上海财经大学和大连理工大学 9 所高等院校保持在 2013 年排名的前 20 位中，其余的 11 所都是后来居上，天津大学、暨南大学和东北财经大学是进步最大的前三所，较 2012 年的位次分别提升了 60 位、47 位和 42 位，浙江财经大学则从 2012 年未发表组织管理相关研究论文提升为 2013 年的第 11 位。

表 17   2012 年中国高等院校组织管理研究力指数及排名

单位	排名	论文数	评价得分	研究力指数
南京大学	1	3.10	0.3081	100.0
中国人民大学	2	3.48	0.3038	98.6
重庆大学	3	6.93	0.2798	90.8
对外经济贸易大学	4	3.05	0.2718	88.2
中山大学	5	3.03	0.2665	86.5
复旦大学	6	3.50	0.2602	84.5
南开大学	7	3.65	0.2550	82.7
华中科技大学	8	3.40	0.2448	79.5
武汉大学	9	4.10	0.2399	77.9
清华大学	10	3.40	0.2366	76.8
中央财经大学	11	3.15	0.2122	68.9
电子科技大学	12	2.85	0.1545	50.1
中南财经政法大学	13	2.25	0.1458	47.3
北京大学	14	1.30	0.1297	42.1
上海财经大学	15	1.30	0.1287	41.8
江苏大学	16	1.50	0.1065	34.6
山东大学	17	3.70	0.1059	34.4
南京财经大学	18	1.00	0.1030	33.4
大连理工大学	19	1.00	0.0990	32.1

单位	排名	论文数	评价得分	研究力指数
哈尔滨工业大学	20	1.00	0.0990	32.1
山东科技大学	21	1.00	0.0990	32.1
上海交通大学	22	1.00	0.0990	32.1
浙江工业大学	23	1.70	0.0953	30.9
厦门大学	24	1.95	0.0918	29.8
同济大学	25	3.00	0.0910	29.5
华南理工大学	26	1.70	0.0841	27.3
南京航空航天大学	27	1.70	0.0841	27.3
北京化工大学	28	1.00	0.0830	26.9
河北经贸大学	29	1.00	0.0830	26.9
浙江大学	30	2.30	0.0728	23.6
东北大学	31	0.85	0.0706	22.9
首都经济贸易大学	32	0.85	0.0706	22.9
南京邮电大学	33	0.70	0.0693	22.5
南京师范大学	34	0.70	0.0693	22.5
西北工业大学	35	1.15	0.0663	21.5
浙江工商大学	36	1.00	0.0550	17.9
上海立信会计学院	37	0.50	0.0515	16.7
西安交通大学	38	0.85	0.0468	15.2
北京师范大学	39	1.05	0.0410	13.3
华南农业大学	40	1.00	0.0390	12.7
中国海洋大学	41	1.00	0.0390	12.7

续表

单位	排名	论文数	评价得分	研究力指数
河海大学	42	0.45	0.0374	12.1
东北财经大学	43	0.35	0.0347	11.2
北京交通大学	44	0.35	0.0347	11.2
太原理工大学	45	1.00	0.0300	9.7
南京工业职业技术学院	46	0.30	0.0297	9.6
北京青年政治学院	47	0.30	0.0297	9.6
上海电机学院	48	0.70	0.0273	8.9
中国科学院	49	1.00	0.0260	8.4
暨南大学	50	0.30	0.0249	8.1
渤海大学	51	0.85	0.0221	7.2
中国科学技术大学	52	1.00	0.0220	7.1
中南大学	53	1.00	0.0220	7.1
西南交通大学	54	1.00	0.0220	7.1
杭州电子科技大学	55	1.00	0.0220	7.1
淮海工学院	56	1.00	0.0220	7.1
山西大学	57	1.00	0.0220	7.1
华东理工大学	58	0.70	0.0182	5.9
浙江理工大学	59	0.70	0.0182	5.9
中国社会科学院	60	1.00	0.0170	5.5
江西财经大学	61	1.00	0.0170	5.5
安徽财经大学	62	1.00	0.0170	5.5
浙江树人大学	63	1.00	0.0170	5.5

续表

单位	排名	论文数	评价得分	研究力指数
鲁东大学	64	0.70	0.0154	5.0
四川大学	65	0.30	0.0117	3.8
西安理工大学	66	0.50	0.0085	2.8
西安电子科技大学	67	0.50	0.0085	2.8
上海理工大学	68	0.10	0.0083	2.7
中国农业大学	69	0.30	0.0066	2.1
天津大学	70	0.15	0.0039	1.3
四川外国语大学	71	0.08	0.0023	0.7

表 18　　2013 年中国高等院校组织管理研究力指数及排名

单位	2013 年排名	2012 年排名	论文数	评价得分	研究力指数
东北财经大学	1	43	5.70	0.2377	100.0
南开大学	2	7	3.30	0.2179	91.7
暨南大学	3	50	3.35	0.2026	85.2
厦门大学	4	24	3.00	0.1801	75.8
上海财经大学	5	15	3.85	0.1577	66.4
中山大学	6	5	3.70	0.1554	65.4
浙江工商大学	7	36	2.70	0.1119	47.1
重庆大学	8	3	2.26	0.1086	45.7
北京大学	9	14	1.93	0.0981	41.3

续表

单位	2013 年排名	2012 年排名	论文数	评价得分	研究力指数
天津大学	10	70	1.40	0.0968	40.7
浙江财经大学	11	—	2.00	0.0950	40.0
西安交通大学	12	38	1.85	0.0945	39.7
重庆理工大学	13	—	1.20	0.0896	37.7
浙江大学	14	30	1.85	0.0777	32.7
电子科技大学	15	12	1.00	0.0730	30.7
对外经济贸易大学	16	4	1.70	0.0729	30.7
大连理工大学	17	19	1.70	0.0714	30.0
华中科技大学	18	8	1.20	0.0679	28.6
中国社会科学院	19	60	1.30	0.0656	27.6
辽宁大学	20	—	2.00	0.0650	27.4
汕头大学	21	—	1.00	0.0590	24.8
杭州电子科技大学	22	55	1.00	0.0590	24.8
长沙理工大学	23	—	1.00	0.0590	24.8
华东师范大学	24	—	0.70	0.0539	22.7
南京大学	25	1	1.50	0.0505	21.2
中国矿业大学	26	—	1.20	0.0438	18.4
湖南大学	27	—	0.70	0.0413	17.4
淮海工学院	28	56	0.70	0.0413	17.4
扬州大学	29	—	0.50	0.0385	16.2
南京审计学院	30	—	0.50	0.0385	16.2

续表

单位	2013 年排名	2012 年排名	论文数	评价得分	研究力指数
重庆三峡学院	31	—	0.50	0.0385	16.2
吉林大学	32	—	0.90	0.0378	15.9
安徽财经大学	33	62	1.30	0.0376	15.8
清华大学	34	10	1.05	0.0312	13.1
山东大学	35	17	1.00	0.0310	13.0
华南农业大学	36	40	1.00	0.0310	13.0
重庆工商大学	37	—	1.00	0.0290	12.2
东北大学	38	31	1.00	0.0290	12.2
北京工商大学	39	—	0.65	0.0273	11.5
同济大学	40	25	0.33	0.0257	10.8
天津财经大学	41	—	0.45	0.0257	10.8
四川大学	42	65	1.15	0.0253	10.6
中央财经大学	43	11	1.15	0.0236	9.9
广东外语外贸大学	44	—	0.70	0.0217	9.1
北京科技大学	45	—	0.70	0.0203	8.5
中南财经政法大学	46	13	0.65	0.0202	8.5
哈尔滨工程大学	47	—	1.00	0.0190	8.0
中国人民大学	48	2	0.30	0.0171	7.2
安徽工业大学	49	—	0.70	0.0154	6.5
上海交通大学	50	22	0.45	0.0152	6.4
广东工业大学	51	—	0.70	0.0133	5.6

续表

单位	2013年排名	2012年排名	论文数	评价得分	研究力指数
北京航空航天大学	52	—	0.30	0.0126	5.3
西北工业大学	53	35	0.15	0.0116	4.9
河南理工大学	54	—	0.15	0.0116	4.9
武汉大学	55	9	0.15	0.0063	2.7
华南理工大学	56	26	0.30	0.0057	2.4
苏州大学	57	—	0.15	0.0047	2.0
北京印刷学院	58	—	0.15	0.0044	1.8
上海大学	59	—	0.10	0.0042	1.8
北京师范大学	60	39	0.10	0.0029	1.2
山东财经大学	61	—	0.08	0.0022	0.9
中国科学院	62	49	0.04	0.0011	0.5

（七）人力资源管理研究力指数与排名

根据中国高等院校人力资源管理研究力指数的测算结果，2012年共有139篇关于人力资源管理的文献，经计算得出其中有133.6篇来自国内各高等院校，占比为96.1%；2013年共有115篇关于人力资源管理的文献，其中有111.7篇来自国内各高等院校，占比为97.1%。这说明国内各高等院校是人力资源管理方面的主要研究力量。2012 年关于人力资源管理的 139 篇文献，占 2012 年管理学研究文献总数 677 篇的 1/5 稍强；2013 年关于人力资源管理的 115 篇文献，占 2013 年管理学研究文献总数 585 篇的 1/5 稍弱。2012 年，中国高等院校人力资源管理研究力排前 10 位的分别是华中科技大学、中国人民大学、中山大学、北京大学、南京大学、清华大学、南开大学、西安交通大学、复旦大学和四川大学（如表 19 所示），其评价得分之和占 2012 年进行人力资源管理研究的 82 所高等院校评价得分之和的 43.4%，发表论文数量之和占人力资源管理论文数 133.6 篇的 33.7%。2013 年，中国高等院校人力资源管理研究力排前 10 位的分别是华中科技大学、清华大学、南京大学、中国人民大学、中南大学、电子科技大学、中央财经大学、西安交通大学、华东理工大学和哈尔滨工业大学（如表 20 所示），它们的评价得分之和占 2013 年进行人力资源管理研究的 86 所高等院校评价得分之和的 38.5%，发表论文数量之和占人力资源管理论文总数的 29.6%，集中度较 2012 年均有所下降。

表 19   2012 年中国高等院校人力资源管理研究力
指数及排名

单位	排名	论文数	评价得分	研究力指数
华中科技大学	1	7.78	0.5831	100.0
中国人民大学	2	6.93	0.4486	76.9
中山大学	3	5.50	0.3145	53.9
北京大学	4	4.80	0.3061	52.5
南京大学	5	4.75	0.2978	51.1
清华大学	6	3.70	0.2455	42.1
南开大学	7	4.85	0.2347	40.3
西安交通大学	8	3.00	0.2120	36.4
复旦大学	9	2.50	0.1895	32.5
四川大学	10	1.15	0.1715	29.4
电子科技大学	11	4.15	0.1687	28.9
哈尔滨工业大学	12	2.30	0.1660	28.5
暨南大学	13	2.30	0.1581	27.1
华南理工大学	14	5.65	0.1525	26.2
中央财经大学	15	3.35	0.1488	25.5
中南财经政法大学	16	3.15	0.1429	24.5
苏州大学	17	2.85	0.1381	23.7
南京航空航天大学	18	3.30	0.1310	22.5
武汉大学	19	2.30	0.1297	22.2
上海财经大学	20	2.23	0.1115	19.1

续表

单位	排名	论文数	评价得分	研究力指数
北京工商大学	21	1.00	0.1030	17.7
北京理工大学	22	1.00	0.1030	17.7
大连理工大学	23	2.65	0.1005	17.2
哈尔滨工程大学	24	1.00	0.0990	17.0
上海大学	25	1.70	0.0986	16.9
浙江大学	26	1.15	0.0979	16.8
山东大学	27	1.85	0.0882	15.1
安徽财经大学	28	0.85	0.0876	15.0
东北财经大学	29	1.00	0.0830	14.2
杭州师范大学	30	1.00	0.0830	14.2
上海对外经贸大学	31	2.00	0.0800	13.7
华侨大学	32	2.00	0.0750	12.9
浙江工商大学	33	1.50	0.0735	12.6
广西大学	34	2.00	0.0720	12.3
中欧国际工商学院	35	0.70	0.0693	11.9
广东财经大学	36	1.35	0.0685	11.7
华东理工大学	37	0.70	0.0581	10.0
中南大学	38	1.00	0.0580	9.9
首都经济贸易大学	39	1.00	0.0550	9.4
厦门大学	40	0.50	0.0515	8.8
浙江财经大学	41	0.50	0.0515	8.8

续表

单位	排名	论文数	评价得分	研究力指数
西南交通大学	42	1.70	0.0510	8.7
中国社会科学院	43	1.95	0.0455	7.8
青岛大学	44	2.00	0.0440	7.5
河北工业大学	45	1.00	0.0390	6.7
南京政治学院	46	1.00	0.0390	6.7
长沙理工大学	47	0.35	0.0347	5.9
南昌航空大学	48	0.35	0.0347	5.9
对外经济贸易大学	49	1.00	0.0300	5.1
重庆交通大学	50	1.00	0.0300	5.1
北京科技大学	51	1.00	0.0300	5.1
同济大学	52	1.00	0.0300	5.1
湖南大学	53	1.00	0.0300	5.1
黄淮学院	54	1.00	0.0300	5.1
重庆大学	55	0.85	0.0255	4.4
天津理工大学	56	0.80	0.0240	4.1
天津大学	57	1.25	0.0233	4.0
华中师范大学	58	1.00	0.0220	3.8
中国计量学院	59	0.70	0.0210	3.6
南京审计学院	60	0.70	0.0210	3.6
滁州学院	61	0.70	0.0210	3.6
上海交通大学	62	0.85	0.0187	3.2

续表

单位	排名	论文数	评价得分	研究力指数
江西财经大学	63	1.00	0.0170	2.9
中国地质大学	64	1.00	0.0170	2.9
安徽师范大学	65	0.70	0.0154	2.6
北方工业大学	66	0.85	0.0145	2.5
吉林财经大学	67	0.70	0.0119	2.0
华南师范大学	68	0.70	0.0119	2.0
西安外国语大学	69	0.70	0.0119	2.0
西南财经大学	70	0.30	0.0090	1.5
浙江工业大学	71	0.30	0.0090	1.5
重庆工商大学	72	0.50	0.0085	1.5
东南大学	73	0.45	0.0084	1.4
中国科学技术大学	74	0.30	0.0066	1.1
新疆财经大学	75	0.35	0.0060	1.0
北京信息科技大学	76	0.35	0.0060	1.0
吉林大学	77	0.30	0.0051	0.9
西安电子科技大学	78	0.30	0.0051	0.9
重庆理工大学	79	0.15	0.0045	0.8
台州学院	80	0.15	0.0033	0.6
南京邮电大学	81	0.15	0.0026	0.4
曲阜师范大学	82	0.15	0.0026	0.4

表20　2013年中国高等院校人力资源管理研究力
指数及排名

单位	2013年排名	2012年排名	论文数	评价得分	研究力指数
华中科技大学	1	1	7.00	0.4431	100.0
清华大学	2	6	4.55	0.2893	65.3
南京大学	3	5	4.00	0.2236	50.5
中国人民大学	4	2	3.40	0.2003	45.2
中南大学	5	38	2.65	0.1835	41.4
电子科技大学	6	11	3.10	0.1789	40.4
中央财经大学	7	15	1.95	0.1254	28.3
西安交通大学	8	8	2.59	0.1204	27.2
华东理工大学	9	37	1.55	0.1194	26.9
哈尔滨工业大学	10	12	2.23	0.1160	26.2
南开大学	11	7	2.50	0.1153	26.0
北京理工大学	12	22	1.95	0.1094	24.7
西北大学	13	—	2.00	0.1080	24.4
南京政治学院	14	46	2.00	0.1080	24.4
中国计量学院	15	59	1.35	0.0917	20.7
武汉大学	16	19	2.15	0.0913	20.6
西南财经大学	17	70	2.60	0.0867	19.6
中山大学	18	3	2.00	0.0805	18.2
浙江工商大学	19	33	2.00	0.0780	17.6
中国地质大学	20	64	1.00	0.0770	17.4

续表

单位	2013 年排名	2012 年排名	论文数	评价得分	研究力指数
湖南大学	21	53	1.00	0.0770	17.4
中南财经政法大学	22	16	1.35	0.0741	16.7
江南大学	23	—	1.70	0.0723	16.3
贵州大学	24	—	1.70	0.0659	14.9
江苏科技大学	25	—	1.50	0.0655	14.8
山东大学	26	27	2.05	0.0636	14.3
暨南大学	27	13	1.65	0.0631	14.2
辽宁科技大学	28	—	1.50	0.0613	13.8
东南大学	29	73	1.00	0.0590	13.3
哈尔滨工程大学	30	24	1.00	0.0590	13.3
大连理工大学	31	23	1.00	0.0590	13.3
中国科学技术大学	32	74	1.00	0.0590	13.3
华北电力大学	33	—	1.00	0.0590	13.3
南京工业大学	34	—	1.35	0.0585	13.2
厦门大学	35	40	1.00	0.0570	12.9
北京工商大学	36	21	0.70	0.0539	12.2
北方民族大学	37	—	0.70	0.0539	12.2
广东外语外贸大学	38	—	0.70	0.0539	12.2
对外经济贸易大学	39	49	2.65	0.0518	11.7
广东财经大学	40	36	0.70	0.0511	11.5
江苏大学	41	—	2.00	0.0510	11.5

续表

单位	2013年排名	2012年排名	论文数	评价得分	研究力指数
中国矿业大学	42	—	0.85	0.0502	11.3
四川大学	43	10	1.15	0.0483	10.9
复旦大学	44	9	1.35	0.0477	10.8
天津大学	45	57	0.65	0.0475	10.7
北京大学	46	4	1.00	0.0446	10.1
北京邮电大学	47	—	1.00	0.0420	9.5
南京理工大学	48	—	1.00	0.0420	9.5
西南交通大学	49	42	1.65	0.0388	8.8
山东师范大学	50	—	0.65	0.0384	8.7
上海财经大学	51	20	0.85	0.0357	8.1
华南理工大学	52	14	1.00	0.0310	7.0
武汉理工大学	53	—	0.70	0.0294	6.6
浙江工业大学	54	71	1.00	0.0290	6.5
华中师范大学	55	58	0.85	0.0264	5.9
华中农业大学	56	—	0.85	0.0264	5.9
军事交通学院	57	—	0.35	0.0256	5.8
吉林大学	58	77	0.30	0.0231	5.2
内蒙古工业大学	59	—	1.00	0.0220	5.0
西南石油大学	60	—	1.00	0.0220	5.0
河南财经政法大学	61	—	1.00	0.0220	5.0
上海师范大学	62	—	0.70	0.0217	4.9

续表

单位	2013 年排名	2012 年排名	论文数	评价得分	研究力指数
常州大学	63	—	0.50	0.0210	4.7
北京航空航天大学	64	—	0.70	0.0203	4.6
温州大学	65	—	1.00	0.0190	4.3
苏州大学	66	17	1.00	0.0190	4.3
中国社会科学院	67	43	1.15	0.0159	3.6
华侨大学	68	32	0.70	0.0133	3.0
华北水利水电大学	69	—	0.30	0.0126	2.8
上海交通大学	70	62	1.00	0.0120	2.7
同济大学	71	52	1.00	0.0120	2.7
山西财经大学	72	—	1.00	0.0120	2.7
武汉长江工商学院	73	—	0.15	0.0116	2.6
台州学院	74	80	0.35	0.0109	2.4
华东师范大学	75	—	0.30	0.0093	2.1
北京印刷学院	76	—	0.15	0.0089	2.0
青岛大学	77	44	0.15	0.0089	2.0
安徽工业大学	78	—	0.70	0.0084	1.9
首都经济贸易大学	79	39	0.70	0.0084	1.9
安徽财经大学	80	28	0.65	0.0078	1.8
广州医科大学	81	—	0.30	0.0066	1.5
上海海事大学	82	—	0.15	0.0063	1.4
上海对外经贸大学	83	31	0.15	0.0063	1.4

单位	2013 年排名	2012 年排名	论文数	评价得分	研究力指数
东北大学	84	—	0.15	0.0047	1.0
潍坊学院	85	—	0.35	0.0042	0.9
川北医学院	86	—	0.35	0.0042	0.9

（八）企业文化与社会责任研究力指数与排名

根据中国高等院校企业文化与社会责任研究力指数的测算结果，2012 年共有 12 篇关于企业文化与社会责任的文献，经计算得出其中有 11.5 篇来自国内各高等院校，占比为 95.8%；2013 年共有 17 篇关于企业文化与社会责任的文献，其中有 16.5 篇来自国内各高等院校，占比为 97.1%。2012 年关于企业文化与社会责任的 12 篇文献，占 2012 年管理学研究文献总数 677 篇的比例不到 2%；2013 年关于企业文化与社会责任的 17 篇文献，占 2013 年管理学研究文献总数 585 篇的比例不到 3%。2012 年，所选择的企业文化与社会责任论文涉及的高等院校仅有 14 所（如表 21 所示），2013 年，所选择的企业文化与社会责任论文涉及的高等院校也仅有 20 所（如表 22 所示），说明企业文化与社会责任的研究并没有得到重视，研究成果也较为缺乏。

表 21　　2012 年中国高等院校企业文化与社会责任
研究力指数及排名

单位	排名	论文数	评价得分	研究力指数
中国人民大学	1	1.70	0.2703	100.0
北京师范大学	2	0.70	0.1113	41.2
中南财经政法大学	3	1.00	0.1030	38.1
南开大学	4	1.00	0.0990	36.6
华中科技大学	5	1.00	0.0830	30.7
南京大学	6	0.50	0.0515	19.1
常熟理工学院	7	0.50	0.0515	19.1
清华大学	8	0.30	0.0477	17.6
中华女子学院	9	0.30	0.0477	17.6
复旦大学	10	0.85	0.0468	17.3
哈尔滨理工大学	11	1.00	0.0220	8.1
厦门大学	12	1.00	0.0170	6.3
暨南大学	13	1.00	0.0170	6.3
山东大学	14	1.00	0.0170	6.3

表 22　2013 年中国高等院校企业文化与社会责任

研究力指数及排名

单位	2013 年排名	2012 年排名	论文数	评价得分	研究力指数
电子科技大学	1	—	2.00	0.1180	100.0
南京大学	2	6	1.03	0.0796	67.4
哈尔滨工业大学	3	—	1.00	0.0590	50.0
湖南师范大学	4	—	1.00	0.0590	50.0
广东技术师范学院	5	—	0.70	0.0539	45.7
中国人民大学	6	1	1.85	0.0522	44.2
中国社会科学院	7	—	1.40	0.0455	38.6
华南理工大学	8	—	1.00	0.0420	35.6
南开大学	9	4	1.00	0.0420	35.6
北京大学	10	—	1.00	0.0420	35.6
中国计量学院	11	—	1.00	0.0420	35.6
西南财经大学	12	—	0.33	0.0257	21.8
南京财经大学	13	—	0.33	0.0257	21.8
暨南大学	14	13	0.30	0.0231	19.6
浙江理工大学	15	—	0.30	0.0231	19.6
上海交通大学	16	—	1.00	0.0190	16.1
厦门大学	17	12	0.45	0.0116	9.8
中央财经大学	18	—	0.15	0.0080	6.7
东北财经大学	19	—	0.65	0.0078	6.6
山东大学	20	14	0.35	0.0042	3.6

五　中国高等院校管理科学与工程研究力指数与排名分析

管理科学与工程所包含的内容较为广泛，涉及决策与对策管理、管理系统工程、系统分析技术、预测技术、控制论、模拟（仿真）技术、评估技术、数量经济分析方法、管理信息系统、决策支持系统、网络及其管理等。根据中国高等院校管理科学与工程研究力指数的测算结果，2012 年和 2013 年我们所选择的管理科学与工程论文数量分别为 156.9 篇和 148.1 篇，远远少于相应年份的工商管理论文数量，占所选择的管理学论文数量比例分别为 24.5% 和 26.3%，涉及的高等院校数量分别为 83 所和 103 所，远远少于相应年份工商管理论文所涉及的高等院校数量，这说明国内从事管理科学与工程研究的主体和力量较工商管理弱。

2012 年，中国高等院校管理科学与工程研究力排前 10 位的分别是华中科技大学、重庆大学、电子科技大学、西安交通大学、上海财经大学、武汉大学、南开大学、哈尔滨工业大学、北京大学和同济大学（如表

23 所示），相较于工商管理，理工类高等院校数量明显增多，财经类高等院校数量显著减少。而且，这 10 所高等院校的评价得分之和占所有高等院校管理科学与工程研究力评价得分之和的 45.5%，发表论文数量之和占管理科学与工程论文总数的 39.6%，二者均明显高于相应年份的工商管理研究力情形中相对应的比重。排第 11—20 位的高等院校分别是清华大学、西南交通大学、中山大学、大连理工大学、西北工业大学、东南大学、山东财经大学、南京航空航天大学、福州大学和上海大学，相较于工商管理，理工类高等院校也明显增加，且这些高等院校的评价得分之和占所有高等院校评价得分之和的 19.4%，发表论文数量之和占管理科学与工程论文总数的 17.5%，二者均与相应年份的工商管理研究力情形中相对应的比重相当。综合来看，2012 年中国高等院校管理科学与工程研究力量集中度非常高，排前 20 位的高等院校评价得分之和占所有高等院校评价得分之和的 64.9%，发表论文数量之和占管理科学与工程论文总数的 57.1%，二者均高于该年的工商管理研究力情形中相对应的比重。

2013 年中国高等院校管理科学与工程研究力排在

前 10 位的分别是电子科技大学、西安交通大学、华中科技大学、南开大学、哈尔滨工业大学、重庆大学、清华大学、中国科学技术大学、大连理工大学和东南大学（如表 24 所示），均为理工类高等院校或综合类高等院校，并无财经类高等院校，且前 3 位均为理工类高等院校，与该年工商管理研究力的前 10 位高等院校名单迥异。而且，前 10 位高等院校的评价得分之和占所有高等院校管理科学与工程研究力评价得分之和的 34.5%，发表论文数量之和占管理科学与工程论文总数的 33.4%，二者均高于相应年份的工商管理研究力情形中相对应的比重，但较 2012 年均有明显下降。排第 11—20 位的分别是北京理工大学、北京航空航天大学、南京大学、中国人民大学、复旦大学、武汉大学、四川大学、上海大学、中央财经大学和长沙理工大学，也以理工类高等院校和综合类高等院校为主。这 10 所高等院校的管理科学与工程研究力评价得分之和占所有高等院校评价得分之和的 16.4%，发表论文数量之和占管理科学与工程论文总数的 15.1%，二者均低于该年工商管理研究力情形中相对应的比重，且较 2012 年有所下降。综合来看，2013 年中国高等院校管理科学与工程研究力排前 20 位的高等院校评价得分之和占所有高等院校评价得分之和的 50.9%，较 2012 年下降了 14 个百分点，发表论文数量之和占管理科学与工程论文总数的 48.5%，较 2012 年下降了 8.6 个百分点，且二者均略低于相应年份的工商管理研究力情形中相对应的比重。

从排名的变化情况来看，2013 年管理科学与工程研究力排前 20 位的高等院校中，北京航空航天大学和长沙理工大学是新进入排名名单的。南京大学、复旦大学、北京理工大学、中国科学技术大学、中央财经大学和四川大学的进步神速，较 2012 年的位次分别提升了 53 位、45 位、39 位、24 位、22 位和 18 位。武汉大学的位次较 2012 年有明显下降，由 2012 年的第 6 位下降至 2013 年的第 16 位。

从各高等院校之间的差异来看，进行管理科学与工程研究的优势高等院校之间的差距要明显大于工商管理。2012 年，排名第一的华中科技大学管理科学与工程研究力指数为 100，而处于第 10 位的同济大学相应的指数仅为 32.2；2013 年，排名第一的电子科技大学管理科学与工程研究力指数为 100，而处于第 10 位的东南大学相应的指数仅为 31.4。与工商管理类似，进行管理科学与工程研究的优势高等院校与一般高等院校之间的差距也十分显著。2012 年和 2013 年管理科学与工程研究力指数低于 10 的高等院校均有 46 所，指数低于 1 的高等院校相对较少，它们与排名靠前的高等院校之间的差距非常显著。

表 23　　　2012 年中国高等院校管理科学与工程研究力指数及排名

单位	排名	论文数	评价得分	研究力指数
华中科技大学	1	9.25	0.4687	100.0
重庆大学	2	11.38	0.4197	89.5
电子科技大学	3	10.10	0.4016	85.7
西安交通大学	4	5.27	0.2960	63.2
上海财经大学	5	4.55	0.2693	57.5
武汉大学	6	3.85	0.2193	46.8
南开大学	7	4.70	0.2060	44.0
哈尔滨工业大学	8	2.90	0.1550	33.1
北京大学	9	5.30	0.1526	32.6
同济大学	10	4.85	0.1507	32.2
清华大学	11	3.20	0.1432	30.6
西南交通大学	12	3.70	0.1310	27.9
中山大学	13	4.00	0.1240	26.5
大连理工大学	14	2.00	0.1210	25.8
西北工业大学	15	2.00	0.1160	24.7

续表

单位	排名	论文数	评价得分	研究力指数
东南大学	16	2.08	0.1141	24.3
山东财经大学	17	1.35	0.1095	23.4
南京航空航天大学	18	4.50	0.1066	22.7
福州大学	19	3.00	0.1020	21.8
上海大学	20	1.70	0.0986	21.0
合肥工业大学	21	4.00	0.0960	20.5
中国人民大学	22	2.00	0.0908	19.4
上海对外经贸大学	23	2.00	0.0800	17.1
中南大学	24	2.00	0.0800	17.1
对外经济贸易大学	25	1.15	0.0796	17.0
华南理工大学	26	2.65	0.0795	17.0
东北大学	27	1.85	0.0793	16.9
华侨大学	28	1.30	0.0754	16.1
南京审计学院	29	1.63	0.0718	15.3
暨南大学	30	1.00	0.0700	14.9
山东大学	31	3.15	0.0693	14.8
中国科学技术大学	32	2.00	0.0692	14.8
广东财经大学	33	1.35	0.0685	14.6
南京财经大学	34	0.85	0.0535	11.4
四川大学	35	2.00	0.0520	11.1
重庆交通大学	36	2.00	0.0520	11.1
厦门大学	37	0.70	0.0490	10.5
浙江工商大学	38	2.00	0.0440	9.4

续表

单位	排名	论文数	评价得分	研究力指数
杭州电子科技大学	39	2.00	0.0440	9.4
青岛大学	40	2.00	0.0440	9.4
中央财经大学	41	1.70	0.0374	8.0
南京工业大学	42	1.10	0.0330	7.0
北京工业大学	43	1.00	0.0300	6.4
北京科技大学	44	1.00	0.0300	6.4
昆明理工大学	45	1.20	0.0264	5.6
天津大学	46	1.15	0.0253	5.4
天津财经大学	47	1.00	0.0220	4.7
中国地质大学	48	1.00	0.0220	4.7
西安理工大学	49	1.00	0.0220	4.7
北京理工大学	50	1.00	0.0220	4.7
北京交通大学	51	1.00	0.0220	4.7
中国科学院	52	1.00	0.0220	4.7
华中师范大学	53	1.00	0.0220	4.7
淮海工学院	54	1.00	0.0220	4.7
北京物资学院	55	1.00	0.0220	4.7
山西大学	56	1.00	0.0220	4.7
郑州大学	57	1.00	0.0220	4.7
武汉科技大学	58	1.00	0.0220	4.7
哈尔滨理工大学	59	1.00	0.0220	4.7
复旦大学	60	0.30	0.0210	4.5
中国计量学院	61	0.70	0.0210	4.5

续表

单位	排名	论文数	评价得分	研究力指数
浙江师范大学	62	0.70	0.0210	4.5
东北财经大学	63	0.35	0.0203	4.3
中国农业大学	64	0.45	0.0191	4.1
上海交通大学	65	0.85	0.0187	4.0
南京大学	66	0.60	0.0180	3.8
吉林大学	67	0.80	0.0176	3.8
武汉工程大学	68	0.23	0.0158	3.4
鲁东大学	69	0.70	0.0154	3.3
西南科技大学	70	0.70	0.0154	3.3
安徽师范大学	71	0.70	0.0154	3.3
南京信息工程大学	72	0.45	0.0099	2.1
浙江工业大学	73	0.30	0.0090	1.9
浙江大学	74	0.30	0.0090	1.9
燕山大学	75	0.15	0.0087	1.9
中原工学院	76	0.15	0.0087	1.9
西安财经学院	77	0.15	0.0087	1.9
沈阳化工大学	78	0.15	0.0087	1.9
河海大学	79	0.30	0.0066	1.4
重庆理工大学	80	0.15	0.0045	1.0
台州学院	81	0.15	0.0033	0.7
四川外国语大学	82	0.08	0.0023	0.5
成都中医药大学	83	0.10	0.0022	0.5

表 24 　　　**2013 年中国高等院校管理科学与工程**

研究力指数及排名

单位	2013 年排名	2012 年排名	论文数	评价得分	研究力指数
电子科技大学	1	3	9.30	0.5677	100.0
西安交通大学	2	4	6.29	0.3689	65.0
华中科技大学	3	1	4.85	0.3282	57.8
南开大学	4	7	4.10	0.2993	52.7
哈尔滨工业大学	5	8	4.65	0.2829	49.8
重庆大学	6	2	5.94	0.2667	47.0
清华大学	7	11	4.18	0.2159	38.0
中国科学技术大学	8	32	3.30	0.1927	33.9
大连理工大学	9	14	3.00	0.1910	33.6
东南大学	10	16	3.85	0.1781	31.4
北京理工大学	11	50	3.00	0.1770	31.2
北京航空航天大学	12	—	3.35	0.1730	30.5
南京大学	13	66	2.53	0.1699	29.9
中国人民大学	14	22	1.88	0.1358	23.9
复旦大学	15	60	2.10	0.1219	21.5
武汉大学	16	6	1.85	0.1215	21.4
四川大学	17	35	1.80	0.1206	21.2
上海大学	18	20	1.80	0.1188	20.9
中央财经大学	19	41	2.00	0.1180	20.8
长沙理工大学	20	—	2.00	0.1180	20.8
哈尔滨工程大学	21	—	3.00	0.1170	20.6

续表

单位	2013 年排名	2012 年排名	论文数	评价得分	研究力指数
合肥工业大学	22	21	1.75	0.1152	20.3
上海财经大学	23	5	2.05	0.1145	20.2
厦门大学	24	37	2.00	0.1140	20.1
中南大学	25	24	1.65	0.1065	18.8
南京航空航天大学	26	18	1.73	0.1018	17.9
暨南大学	27	30	1.80	0.0999	17.6
江南大学	28	—	1.65	0.0974	17.1
中国矿业大学	29	—	2.05	0.0940	16.5
东北大学	30	27	1.85	0.0911	16.0
天津大学	31	46	1.35	0.0877	15.4
福州大学	32	19	1.35	0.0797	14.0
西南财经大学	33	—	1.85	0.0775	13.6
山东大学	34	31	1.30	0.0767	13.5
北京大学	35	9	1.30	0.0767	13.5
吉林大学	36	67	1.30	0.0741	13.1
西南交通大学	37	12	1.00	0.0730	12.9
北京工商大学	38	—	1.00	0.0730	12.9
西安理工大学	39	49	1.00	0.0730	12.9
江苏科技大学	40	—	1.50	0.0655	11.5
重庆师范大学	41	—	1.35	0.0647	11.4
浙江大学	42	74	2.10	0.0609	10.7

续表

单位	2013 年排名	2012 年排名	论文数	评价得分	研究力指数
安徽大学	43	—	0.85	0.0600	10.6
北京邮电大学	44	—	1.00	0.0590	10.4
同济大学	45	10	1.00	0.0590	10.4
南京工业大学	46	42	1.00	0.0590	10.4
中南财经政法大学	47	—	1.00	0.0590	10.4
汕头大学	48	—	1.00	0.0590	10.4
上海海事大学	49	—	1.00	0.0590	10.4
浙江工商大学	50	38	1.00	0.0590	10.4
湖南大学	51	—	1.00	0.0590	10.4
北京交通大学	52	51	1.00	0.0590	10.4
杭州电子科技大学	53	39	1.00	0.0590	10.4
上海对外经贸大学	54	23	1.00	0.0590	10.4
上海立信会计学院	55	—	1.00	0.0590	10.4
河南农业大学	56	—	1.00	0.0590	10.4
华北电力大学	57	—	1.00	0.0590	10.4
南京理工大学	58	—	0.93	0.0546	9.6
上海交通大学	59	65	1.55	0.0536	9.4
三峡大学	60	—	0.90	0.0531	9.4
中山大学	61	13	1.00	0.0528	9.3
对外经济贸易大学	62	25	0.70	0.0511	9.0
广东财经大学	63	33	0.70	0.0511	9.0

续表

单位	2013 年排名	2012 年排名	论文数	评价得分	研究力指数
西北工业大学	64	15	0.70	0.0511	9.0
重庆理工大学	65	80	0.70	0.0511	9.0
重庆工商大学	66	—	1.35	0.0490	8.6
华东理工大学	67	—	0.80	0.0458	8.1
浙江工业大学	68	73	1.55	0.0450	7.9
天津工业大学	69	—	0.70	0.0413	7.3
北方工业大学	70	—	0.70	0.0413	7.3
淮海工学院	71	54	0.70	0.0413	7.3
济南大学	72	—	0.70	0.0413	7.3
南京信息工程大学	73	72	0.70	0.0399	7.0
山东师范大学	74	—	0.65	0.0384	6.8
辽宁科技大学	75	—	0.50	0.0365	6.4
兰州大学	76	—	0.58	0.0339	6.0
山东财经大学	77	17	1.08	0.0312	5.5
南通大学	78	—	0.50	0.0295	5.2
华东交通大学	79	—	0.50	0.0295	5.2
江苏大学	80	—	1.00	0.0290	5.1
天津财经大学	81	47	0.45	0.0257	4.5
东北财经大学	82	63	0.35	0.0256	4.5
军事交通学院	83	—	0.35	0.0256	4.5
华南师范大学	84	—	0.85	0.0247	4.3

续表

单位	2013 年排名	2012 年排名	论文数	评价得分	研究力指数
河南科技大学	85	—	0.35	0.0207	3.6
广西大学	86	—	0.70	0.0203	3.6
北京科技大学	87	44	0.70	0.0203	3.6
河北科技大学	88	—	0.30	0.0177	3.1
北京印刷学院	89	—	0.30	0.0132	2.3
沈阳化工大学	90	78	0.15	0.0110	1.9
上海工会管理职业学院	91	—	0.35	0.0102	1.8
太原科技大学	92	—	0.35	0.0102	1.8
青岛大学	93	40	0.15	0.0089	1.6
广州大学	94	—	0.15	0.0086	1.5
郑州大学	95	57	0.15	0.0086	1.5
成都理工大学	96	—	0.10	0.0077	1.4
西南民族大学	97	—	0.10	0.0077	1.4
江苏师范大学	98	—	0.10	0.0059	1.0
东北电力大学	99	—	0.10	0.0059	1.0
中国科学院	100	52	0.11	0.0054	0.9
重庆三峡职业学院	101	—	0.08	0.0043	0.8
北京师范大学	102	—	0.10	0.0029	0.5
南京农业大学	103	—	0.08	0.0022	0.4

六　中国高等院校管理学研究力评价结论与局限

（一）评价结论

通过对中国高等院校管理学研究力进行评价，可以得到以下四点结论。

结论1：研究力量高度集中。 从整个管理学来看，2012 年和 2013 年中国高等院校管理学研究力排前 20 位的高等院校评价得分之和占所有高等院校评价得分之和的比重分别为 55.9% 和 47.3%，发表论文数量之和分别占管理学论文总数的 47.3% 和 44.8%。从工商管理来看，2012 年和 2013 年中国高等院校工商管理研究力排前 20 位的高等院校评价得分之和占所有高等院校评价得分之和的比重分别为 57.8% 和 52.3%，发表论文数量之和分别占工商管理论文总数的 49.4% 和 48.6%，二者均高于管理学研究力情形中相对应的比重。从管理科学与工程来看，2012 年和 2013 年中国高等院校管理科学与工程研究力排前 20 位的高等院校评价得分之和占所有高等院校评价得分之和的比重分别为

64.9%和50.9%，发表论文数量之和分别占管理科学与工程论文总数的57.1%和48.5%。

结论2：学科优势主体存在差异。从整个管理学来看，2013年研究力排在前10位的分别是南开大学、华中科技大学、中国人民大学、清华大学、南京大学、西安交通大学、电子科技大学、厦门大学、暨南大学和武汉大学，综合类高等院校占据主要地位，理工类高等院校也有一席之地，但没有财经类高等院校。从工商管理来看，2013年研究力排在前10位的分别是南开大学、中国人民大学、清华大学、南京大学、华中科技大学、暨南大学、中山大学、厦门大学、武汉大学和东北财经大学，综合类高等院校占据主要地位，理工类高等院校和财经类高等院校各有1所。从管理科学与工程来看，2013年研究力排在前10位的分别是电子科技大学、西安交通大学、华中科技大学、南开大学、哈尔滨工业大学、重庆大学、清华大学、中国科学技术大学、大连理工大学和东南大学，理工类高等院校占据主要地位，综合类高等院校也占有部分席位，但没有财经类高等院校。从工商管理各子学科来看，2013年企业理论研究力居于前5位的分别是暨南大学、哈尔滨工业大学、清华大学、北京交通大学和江苏大学；战略管理研究力排前 5 位的分别是南开大学、电子科技大学、大连理工大学、中国人民大学和浙江工商大学；财务管理研究力排前 5 位的分别是厦门大学、西南财经大学、南京大学、武汉大学和华中科技大学；市场营销管理研究力排前 5 位的分别是西安交通大学、中央财经大学、南开大学、中国人民大学和中山大学；创新管理研究力排前 5 位的分别是浙江大学、吉林大学、南开大学、武汉大学和哈尔滨工程大学；组织管理研究力排前 5 位的分别是东北财经大学、南开大学、暨南大学、厦门大学和上海财经大学；人力资源管理研究力排前 5 位的分别是华中科技大学、清华大学、南京大学、中国人民大学和中南大学；企业文化与社会责任研究力排前 5 位的分别是电子科技大学、南京大学、哈尔滨工业大学、湖南师范大学和广东技术师范学院。

结论 3：各高等院校研究力差距显著。从整个管理学来看，无论是 2012 年还是 2013 年，各高等院校在管理学研究力方面差距均十分显著。一方面，排名靠后的高等院校与排名靠前的高等院校之间差距巨大，2012 年和 2013 年排名均为第一的南开大学管理学研究力综合指数均为 100，而相应年份管理学研究力综合指数低于 10 的高等院校分别有 146 所和 136 所，其中还分别包括 37 所和 24 所指数低于 1 的高等院校。另一方面，排名靠前的高等院校之间的差距也十分显著，2012 年和 2013 年排第 10 位的西安交通大学和武汉大学管理学研究力综合指数分别为 46.9 和 51.5，与第 1 位的南开大学存在十分明显的差距。工商管理与整个管理学情况类似，排名靠后的高等院校与排名靠前的高等院校之间的差距巨大，2012 年和 2013 年排名均为第一的南开大学工商管理研究力综合指数均为 100，而相应年份工商管理研究力综合指数低于 10 的高等院校分别有 126 所和 105 所，其中还分别包括 23 所和 13 所指数低于 1 的高等院校；同时，排名靠前的高等院校之间差距也十分显著，2012 年和 2013 年排第 10 位的中央财经大学和东北财经大学工商管理研究力综合指数分别为 45.1 和 52.1，与第 1 位的南开大学存在十分明显的差距。从管理科学与工程来看，优势高等院校之间的差距要明显大于工商管理。2012 年，排名第一的华中科技大学管理科学与工程研究力指数为 100，而处于第 10 位的同济大学相应的指数仅为 32.2；2013 年，排名第一的电子科技大学管理科学与工程研究力指数为 100，而处于第 10 位的东南大学相应的指数仅为 31.4。与工商管理类似，进行管理科学与工程研究的优势高等院校与一般高等院校之间的差距也十分显著。2012 年和 2013 年管理科学与工程研究力指数低于 10 的高等院校均有 46 所，指数低于 1 的高等院校相对较少。

结论 4：研究力总体上呈下降趋势。从整个管理学来看，2013 年中国高等院校发表论文 563.2 篇，较 2012 年减少 77.6 篇，下降幅度为 12.1%，研究力整体评价得分为 25.5，较 2012 年下降 27.2%。从工商管理来看，2013 年中国高等院校发表论文 415.1 篇，较 2012 年减少 68.7 篇，下降幅度为 14.2%，研究力整体评价得分为 17.1，较 2012 年下降 40.9%。从管理科学与工程来看，2013 年中国高等院校发表论文 148.1 篇，较 2012 年减少 8.8 篇，下降幅度为 5.6%，研究力整体评价得分为 8.4，较 2012 年有所提高。

（二）局限性

需要指出的是，由于受到各种各样的制约，本报告存在以下几个方面的局限性，需要在下一步的研究中予以克服和修正。

　　一是衡量内容的局限性。研究力是一个综合性概念，不仅应包括对产出成果的衡量，也应该包括对研究人员数量、研究条件等要素的衡量，还应包括对其在该领域影响力的衡量。本报告仅从发表的管理学研究成果视角对研究力进行评价，衡量范围相对较窄。

　　二是成果范围的局限性。管理学研究成果应该涵盖专著、研究课题成果、学术论文等，但本报告仅从学术论文视角考察高等院校的管理学研究力。而且，本报告只收录了国内 13 种管理学权威或核心刊物，对于发表在国外期刊上的学术论文没有进行统计，一般认为发表在国外的学术论文应该具有更高的研究水准。

　　三是论文归类的局限性。一些学术论文属于交叉领域，因此，很多论文的学科归类存在相应的主观性，受研究者自身素质和结构的影响。

　　四是结果分析的局限性。由于受到时间和精力的限制，本报告对于评价结果的深度挖掘不够，如应该考虑各高等院校的地域分布与管理学研究力之间的关系，研究"985 工程"学校和"211 工程"学校与管理学研究力之间的关系，这些研究结果将有助于未来高等院校管理学研究资源的优化配置。

参考文献

黄速建、黄群慧等：《中国管理学发展研究报告》，经济管理出版社
2007 年版。

［美］Bill Franks：《驾驭大数据》，黄海等译，人民邮电出版社 2013
年版。

蒋颖：《人文社会科学领域文献计量学研究》，社会科学文献出版社
2013 年版。

罗刚君、章兰新、黄朝阳编著：《Excel 2010 VBA 编程与实践》，电
子工业出版社 2010 年版。

王钦，博士，研究员，博士生导师，现任中国社会科学院工业经济研究所企业管理研究室主任，中国社会科学院管理科学与创新发展研究中心副主任，中国社会科学院研究生院教授，兼任中国企业管理研究会常务副理事长，中国企业管理研究会海尔研究中心首席专家。主要从事战略管理、创新管理等领域的研究。曾荣获"第三届'蒋一苇'企业改革与发展学术基金专著奖""第二届中国软科学奖（深度调研奖）"。

肖红军，湖南郴州人，先后就读于厦门大学电子工程系、厦门大学管理学院和中国社会科学院研究生院，分别获得工程学学士、管理学硕士和管理学博士学位。目前任职于中国社会科学院工业经济研究所，主要从事企业社会责任、企业成长方面的研究，曾经主持和参与了多项国家科技支撑计划项目、"863 计划"项目、国家社会科学基金项目以及国家发展和改革委员会、工业和信息化部等多个部委委托的重要研究课题，在全国核心期刊上发表论文多篇。

张小宁，研究员，机械专业学士，企业管理研究生班毕业。先后就读于太原重型机械学院、中国人民大学。目前任职于中国社会科学院工业经济研究所，主要从事企业管理、管理理论、分配模式、效益评估等方面的研究。参加国家科技部科研项目、国家社会科学基金项目以及国家发展和改革委员会、工业和信息化部等多个部委委托的重要研究课题。在全国核心期刊上发表论文多篇。